PROFIL FORMATION

Collection dirigée par Georges Décote

HISTOIRE
DE LA LITTÉRATURE
EN FRANCE
AU XVIIe SIÈCLE

par Robert Horville

Docteur ès lettres
professeur à l'Université de Lille III

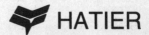 HATIER

Sommaire

ISSN 0337-1425   ISBN 2-218-07210-6

Le cadre
historique
et littéraire

1. Un siècle contrasté

Les frontières du XVIIᵉ siècle

Une époque ne commence pas évidemment avec le siècle et ne s'achève pas avec lui. C'est l'impact des événements historiques qui impose les délimitations.

Le XVIIᵉ siècle débute en 1598, année de la promulgation par Henri IV de l'Édit de Nantes qui, après les sanglantes guerres de Religion, assure la paix civile en permettant la cohabitation des catholiques et des protestants.

Il s'achève en 1715, année de la mort de Louis XIV qui a marqué la France de son long règne. Entre ces deux événements, se développe tout le processus de l'instauration de ce qu'on a appelé la monarchie absolue. Alors qu'en 1598 la pluralité et la diversité idéologiques sont assurées, Louis XIV, à sa mort, laisse une France homogène et centralisée. Pour accomplir ce grand dessein, il travaille à réaliser l'unité dans tous les domaines, y compris dans le domaine religieux, ce qui l'amène, de manière symptomatique, à révoquer l'Édit de Nantes en 1685.

Louis XIV, Molière, La Fontaine... et les autres

C'est pour cette raison que le XVIIᵉ siècle est appelé communément le siècle de Louis XIV : or, ce roi ne gouverne effectivement que de 1661 à 1715. Parallèlement, cette période est considérée comme celle des classiques : mais le classicisme, au sens strict du terme, ne concerne que ce qu'on a appelé la génération de 1660, c'est-à-dire les années 1660-1680. Certes, il ne faut pas nier l'importance du règne de Louis XIV : il marque la construction de l'unité et de la centralisation et correspond à un grand rayonnement des lettres françaises. Mais on ne doit pas non plus occulter ce qui précède : la période antérieure prépare ce qui est l'aboutissement d'une évolution plutôt qu'une rupture.

2. La France en 1598

En 1598, année retenue pour marquer le début de la période, les données à partir desquelles les évolutions vont se produire sont déjà présentes. Les oppositions religieuses sont très nettes entre catholiques et protestants, tandis que se maintient la pensée athée. Les affrontements entre la monarchie et la noblesse qui essaie de conserver ses privilèges issus du Moyen Âge se poursuivent. La bourgeoisie apparaît comme la force sociale montante. Dans le domaine de la création, se définissent deux conceptions, l'une qui accepte le respect de règles précises, l'autre qui revendique la liberté dans l'art.

Les divisions religieuses

En 1598, l'unité idéologique n'existe pas. La diversité religieuse a été reconnue par la promulgation de l'Édit de Nantes. Alors qu'auparavant une seule religion était admise, le catholicisme, les protestants ont maintenant la liberté de célébrer leur culte.

Ainsi cohabitent en France deux communautés, qui se sont longtemps combattues durant les guerres de Religion auxquelles l'Édit de Nantes met fin, et qui restent séparées par des divergences importantes dans leurs pratiques religieuses. Alors que les catholiques pensent que le salut se gagne par le mérite, les protestants estiment qu'il est accordé par Dieu qui donne ou refuse sa grâce. Tandis que les catholiques se voient imposer une lecture unique des textes saints, les protestants ont toute latitude de les interpréter. L'Église catholique repose sur une organisation pyramidale à la tête de laquelle se trouve le Pape. Les protestants refusent cette hiérarchie ecclésiastique.

Cette opposition se maintiendra durant une bonne partie de la période et suscitera, par moments, des épisodes de violence. A cette complexité religieuse s'ajoute une troisième forme de pensée, la pensée athée, qui refuse l'existence de Dieu et explique tout à partir de la matière.

Monarchie et féodalité

Une deuxième opposition voit s'affronter la conception monarchique et la conception féodale. Durant le Moyen Âge, le pouvoir politique est morcelé. Les seigneurs, les nobles, les féodaux imposent leur loi sur les territoires qu'ils possèdent. Dans ces conditions, le roi n'apparaît que comme un souverain un peu plus puissant que les autres. Cette situation est source de conflits. Le roi entend étendre son autorité sur l'ensemble du pays et réduire ainsi le pouvoir des féodaux. Ce sourd combat, qui débouche parfois sur de véritables guerres, s'achèvera avec le triomphe de Louis XIV et de la monarchie absolue.

Mais en 1598, le jeu est encore loin d'être joué. La noblesse est encore puissante. Le processus est néanmoins engagé. D'eux-mêmes, les nobles se coupent des réalités économiques, en refusant, au nom du prestige de leur naissance, de s'occuper du commerce et de l'industrie. Parallèlement, la royauté s'efforce de les affaiblir en les éloignant des responsabilités gouvernementales.

La montée de la bourgeoisie

Face à la noblesse, la bourgeoisie privilégie au contraire ce qui relève de l'acquis, ce qui n'est pas donné par la naissance. Elle aspire, en particulier, à l'argent. C'est elle qui apparaît comme la force dynamique du royaume, qui concourt à sa prospérité, notamment par le développement des manufactures et du commerce.

La monarchie va de plus en plus jouer cette carte pour combattre les féodaux. Elle encourage l'esprit d'entreprise des bourgeois, prend l'habitude de les faire participer au gouvernement. La bourgeoisie, tout au long de cette période, constitue un soutien important de la monarchie. Mais son pouvoir ne cesse d'augmenter. Quand elle réalisera sa puissance, elle désirera gouverner pour elle-même, ne plus être seulement au service de la royauté, et ce sera la Révolution de 1789.

La complexité littéraire

La complexité de la situation politique explique, en grande partie, la complexité de la littérature. En 1598, la diversité idéologique encourage la liberté de création. À une écriture régulière on préfère l'irrégularité, le recours à la fantaisie, à l'imagination. Cette liberté d'écriture est favorisée par cette multiplicité des pouvoirs qui permet la multiplication des protecteurs des Arts et des Lettres, des mécènes qui assurent aux créateurs leurs moyens d'existence, en leur confiant des emplois, ou en leur accordant des pensions. Avec l'installation de la monarchie absolue, ces protecteurs disparaîtront, le roi deviendra pratiquement le seul mécène, ce qui provoquera une restriction sensible de la liberté d'expression.

Quatre grandes périodes

Telle est la situation de départ en 1598. C'est à partir de ces données que va se construire la situation d'arrivée, celle de 1715. En fonction de cette évolution, quatre grandes périodes littéraires peuvent être délimitées, en relation étroite avec la situation politique : une période baroque qui va de 1598 à 1630 ; la marche vers la régularité qui s'étend de 1630 à 1661 ; la génération classique qui prend place de 1661 à 1680 ; enfin, la période postclassique qui se développe de 1680 à 1715.

3. 1598-1630 : baroque et troubles politiques

De 1598 à 1630, la France, sous le règne de Henri IV, puis de Louis XIII, connaît une période troublée. Mal remise des guerres de Religion, elle vit de nombreuses péripéties et suscite une génération d'écrivains attirés par la complexité baroque.

La fin du règne de Henri IV (1598-1610)

Henri IV, après avoir restauré la paix intérieure, rétablit, avec l'aide de son ministre Sully la prospérité économique mise à mal par la guerre civile et mène une politique d'extension territoriale. Mais la réconciliation nationale entre catholiques et protestants est encore bien précaire. Le fanatisme religieux n'est pas mort. En 1610, l'assassinat de Henri IV par Ravaillac montre que les catholiques ne pardonnent pas au roi la signature de l'Édit de Nantes.

Le début du règne de Louis XIII (1610-1630)

À la mort de Henri IV, son fils devient roi sous le nom de Louis XIII. Mais il n'a que neuf ans. La régence est alors assurée par sa mère, Marie de Médicis. Profitant de cet interrègne qui affaiblit le pouvoir royal, les féodaux redressent la tête, tandis que les affrontements religieux tendent à reprendre de la vigueur. Les épisodes sanglants se succèdent. En 1617, Concini, favori de Marie de Médicis, avide de puissance, est assassiné sur l'ordre de Louis XIII. En 1627-1628, la ville de La Rochelle, tenue par les protestants qui y avaient constitué un État indépendant, est assiégée, puis prise par les troupes royales. Avec l'arrivée au pouvoir de Louis XIII, l'entreprise de consolidation de la monarchie reprend. Le Cardinal de Richelieu, entré au gouvernement en 1624, y contribue grandement, en luttant contre toutes les forces qui s'opposent à l'unité du royaume.

Un baroque déjà contesté

Cette période est celle de l'épanouissement d'une littérature baroque. La revendication de la liberté dans l'art, l'attirance pour l'excès, l'expression de la fantaisie et de l'imagination la caractérisent. Mais, parallèlement, s'affirment la recherche d'une certaine mesure, l'aspiration à l'harmonie, à la raison, à un ordre que l'on voudrait construire.

D'un côté, se place Honoré d'Urfé (1567-1625), auteur d'un roman-fleuve, *L'Astrée,* marqué par la démesure. De l'autre côté, travaille François de Malherbe (1555-1628), qui tente de maîtriser l'inspiration poétique, de lui imposer des règles.

4. 1630-1661 :
vers la normalisation
et le classicisme

De 1630 à 1661, s'affirme l'effort de mise en ordre, de normalisation, se précise la volonté d'unification de la France. C'est encore une période de trouble pleine de bruit et de fureur. Mais ce sont les derniers soubresauts, avant l'installation de la monarchie absolue.

Dans le domaine littéraire, les tenants d'un art fondé sur la régularité renforcent leur position au détriment des partisans de la liberté qui n'ont pas encore déposé les armes.

La fin du règne de Louis XIII (1630-1643)

Les nobles n'ont pas abandonné la lutte. Ils cherchent à recouvrer leur puissance et ne reculent pas devant les conspirations. La répression se révèle sanglante. En 1632, le duc de Montmorency, qui s'était révolté contre Richelieu, est décapité. En 1642, c'est au tour de Cinq-Mars et de De Thou d'être exécutés : ils avaient également comploté contre le tout-puissant ministre.

Le pouvoir royal ne se borne pas à lutter contre les nostalgiques de la féodalité. En s'appuyant sur la bourgeoisie, il s'efforce d'assurer le développement économique de la France. A l'extérieur, il engage ses armées en entrant, en 1635, dans la guerre de Trente Ans, pour combattre l'Autriche qui, en 1648, doit reconnaître sa défaite par la signature des traités de Westphalie.

La régence d'Anne d'Autriche (1643-1661)

Louis XIII mort en 1643, Louis XIV, son fils, lui succède. Mais il n'est âgé que de cinq ans. C'est sa mère, Anne d'Autriche, qui va assurer le pouvoir. Un nouvel interrègne commence, dont les dangers se trouvent accentués par la mort, en 1642, de Richelieu, l'homme fort du règne de Louis XIII. Anne d'Autriche essaie de faire face, en s'appuyant sur le Cardinal Mazarin.

Cette faiblesse du pouvoir, à laquelle s'ajoute l'impopularité grandissante du nouveau ministre, donne l'occasion aux opposants à la monarchie d'agir. Une guerre civile pleine de péripéties, riche en épisodes romanesques, éclate : c'est la Fronde qui, de 1648 à 1652, regroupe, en une alliance hétéroclite, une partie de la noblesse qui essaie ainsi d'enrayer sa décadence et la bourgeoisie parlementaire mécontente de voir les autorités réduire progressivement les pouvoirs des parlements locaux. Le parti du roi finit par l'emporter.

L'agrandissement de la France se poursuit avec, en 1659, le rattachement du Roussillon : dans la politique qui est alors conduite, le souci d'unification et la volonté d'expansion vont de pair.

Une littérature préclassique

Durant cette période, se développe une littérature de transition, intermédiaire entre le baroque et le classicisme. Les écrivains sont toujours attirés par la diversité, mais ils sont également séduits par les prestiges des normes, par l'attrait de la certitude. La volonté du pouvoir royal de surveiller et de régenter la création représente, en l'occurrence, un encouragement pour les partisans des règles : dans ce domaine, un événement important est constitué par la fondation, en 1635, de l'Académie française, chargée de veiller à l'orthodoxie de la langue et de la littérature.

Il s'agit donc d'une période complexe durant laquelle cohabitent deux types d'écrivains : du côté de l'exubérance, prend place, par exemple, Paul Scarron (1610-1660), maître du burlesque qui s'efforce de dégager les contradictions dont est constituée toute réalité et qui privilégie le relatif. Du côté de l'absolu, de l'unité, figurent René Descartes (1596-1650) et Blaise Pascal (1623-1662) qui se livrent à la quête de la vérité, ou Pierre Corneille (1606-1684) qui développe le culte de l'honneur et de la maîtrise de soi.

5. 1661-1680 : monarchie absolue et classicisme

Les années 1661-1680 voient la consolidation de la monarchie absolue, forme de pouvoir centralisé et fort, concentré dans les mains du roi. Dans le même temps, se développe une littérature d'ordre et de modération, la littérature classique.

La première partie du règne de Louis XIV (1661-1680)

Après la mort de Mazarin en 1661, Louis XIV a les mains libres. A vingt-trois ans, il peut assumer lui-même les responsabilités du pouvoir. Il poursuit la tâche entreprise et achève la construction de la monarchie absolue.

Il travaille dans quatre directions. Il s'efforce de reconstituer l'unité religieuse du pays, en diminuant l'emprise du Pape sur le clergé, de manière à donner à l'Église une orientation plus nationale et surtout en tentant d'affaiblir l'idéologie protestante. Il affirme sa toute-puissance, en ne tolérant pas que s'instaurent des pouvoirs susceptibles de lui faire de l'ombre : en 1661, il fait arrêter Fouquet, son ministre des finances, qui, après avoir amassé une immense fortune, ne cessait de renforcer son influence. Celui-ci sera condamné, en 1664, à la prison à perpétuité. Il confie à son ministre Colbert la tâche de développer l'économie de la France. Il poursuit une politique expansionniste, en menant des guerres contre la puissance espagnole rivale et en annexant la Flandre (1668) et la Franche-Comté (1678).

La littérature classique

Cette partie du règne de Louis XIV est la grande période du classicisme. Le pouvoir renforce sa mainmise sur la culture par le jeu des protections et des pensions, mais aussi par la création d'académies destinées à fixer des normes dans tous les domaines.

C'est alors que fleurissent les grands noms qu'a retenus l'histoire de la littérature. Des traits communs unissent ces écrivains associés à la gloire de Louis XIV : attachés à des règles d'écriture, ils sont attirés par l'absolu, par la vérité, même s'ils s'aperçoivent, avec quelque désenchantement, de l'écart qui sépare leur idéal des exigences de la vie quotidienne, soumise au relatif et aux compromissions.

Mais sous cette communauté d'esprit, des nuances apparaissent, aussi bien dans les genres cultivés que dans les approches adoptées. François de La Rochefoucauld (1613-1680), qui, dans ses *Maximes*, mène une réflexion pessimiste sur le comportement humain, ne ressemble guère à la Marquise de Sévigné (1626-1696), qui, dans ses *Lettres*, fait souvent preuve d'enthousiasme et d'exaltation. Molière (1622-1673), tenant du juste milieu, diffère sensiblement de Jean Racine (1639-1699), qui, dans ses tragédies, met en scène des personnages marqués par l'excès.

6. 1680-1715 :
la continuité politique et littéraire

De 1680 à 1715, la France continue sur sa lancée. Tandis que la monarchie absolue tend à se scléroser, la littérature se fige dans un classicisme à peine ébranlé par les efforts de quelques novateurs.

La seconde partie du règne de Louis XIV (1680-1715)

La seconde partie du règne de Louis XIV est marquée du sceau du désenchantement. Les guerres se multiplient qui épuisent le pays. À Versailles, où il réside depuis 1682, le roi vit coupé des réalités, entouré d'une foule de courtisans, empêtré dans un cérémonial rigoureux. Après avoir connu une existence dissipée, il a été gagné par la foi, qui le conduit à la grave erreur de la révocation de l'Édit de Nantes (1685).

Lorsqu'il meurt en 1715, il laisse une France agrandie territorialement et unifiée, mais sclérosée, corsetée à l'intérieur des rigidités du centralisme qu'il a construit.

Le postclassicisme

Sur le plan littéraire, cette période se situe à l'orée du XVIIIᵉ siècle, le siècle des philosophes, le siècle des Lumières. Mais les évolutions sont lentes et s'effectuent, la plupart du temps, à l'intérieur des valeurs classiques, avec notamment Jean de La Bruyère (1645-1696) et ses *Caractères* ou Fontenelle (1657-1757) et l'affirmation de la pensée matérialiste.

1598-1630 : le baroque dominé

1. Une littérature en mouvement

Une époque dangereuse

La littérature de ces années 1598-1630 est une littérature qui bouge. Ancrée dans un contexte historique mouvementé, la littérature de cette période est marquée par l'idée de diversité. Elle est influencée par un mode de vie où la soumission n'est pas de mise, où la révolte s'impose, où le hasard joue un grand rôle, où il est nécessaire, pour se défendre, de vivre dangereusement, mais également où s'expriment une aspiration à l'épanouissement de l'homme et une méfiance envers le fanatisme. D'autre part, la langue est en pleine évolution, à la fois sous le signe d'une complication excessive et d'une recherche de la simplification.

Une littérature contrastée

C'est dans ce double mouvement de déchaînement des exubérances et de tentatives de modération que s'affirment les différents genres littéraires de cette période.

Tandis que, dans la littérature d'idées, Guez de Balzac (1595-1654), avec ses *Lettres*, et Nicolas Faret (1596?-1646), avec *L'Honnête Homme*, essaient d'instaurer un idéal de modération qui annonce déjà le classicisme, se développe la pensée libertine qui conteste l'ordre établi.

Dans le domaine poétique, aux efforts de régulation de François de Malherbe (1555-1628), répondent les excès de Mathurin Régnier (1573-1613). L'outrance l'emporte dans le roman, avec *L'Astrée* d'Honoré d'Urfé (1567-1625) et dans le théâtre, avec Alexandre Hardy (1570-1632). Mais, dans tous les cas, se manifeste une orientation baroque plus ou moins domptée.

Raffinement
et cruauté

Être écrivain, au début du XVIIe siècle, c'est souvent mener une vie marquée par le danger. L'intolérance ambiante n'est pas étrangère à ce type d'existence, mais il naît aussi comme une jouissance à mêler l'esthétique et l'action.

Fin du XVIe siècle : le poète italien Marino se fait remarquer pour sa jeunesse agitée. Il quitte son pays et s'exile en France. Sous le nom romanesque de Cavalier Marin, il exerce une grande influence sur la poésie française qui s'inspire de sa manière caractérisée par la complication, la complexité et la fantaisie. En 1623, il devient le protégé du duc d'Albe.

1619 : le philosophe matérialiste italien Vanini périt sur le bûcher à Toulouse : il est accusé d'athéisme et de pratiques magiques.

1623 : le poète Théophile de Viau, dénoncé comme athée, est condamné par le Parlement de Paris à être brûlé vif. Il n'échappe que de peu à ce supplice horrible en se réfugiant auprès du duc de Montmorency.

Ce mélange du beau et du sang, du raffinement et de la cruauté se retrouve dans la société de cour de cette époque. Alors qu'on se massacre allègrement, les dames sont envoûtées par les romans : au cours de la messe, elles ne peuvent s'arracher à leurs lectures et continuent à lire ces ouvrages en les dissimulant sous une reliure de livres religieux ; dans les salons, les habitués prennent comme surnoms les noms des héros romanesques à la mode. Tandis que les conspirations se succèdent autour de Louis XIII, Nicolas Faret, dans *L'Honnête homme ou l'art de plaire à la cour* (1630), essaie de préciser l'idéal raffiné du courtisan.

2. Les caractéristiques du baroque

Durant cette période, s'affirme ce que l'on appelle le baroque. Mais il n'a pas le monopole. De façon générale, aucune tendance littéraire n'apparaît jamais dans toute sa pureté, dans toute son exclusivité. C'est particulièrement vrai, à cette époque, pour le baroque : une autre tendance, encore très minoritaire, qui débouchera sur le classicisme, tente de le contrebalancer. C'est donc plutôt d'un baroque dompté dont il faut parler, d'une conception qui exploite, de façon relativement modérée, les grandes tendances baroques.

Un monde en évolution

L'une des grandes idées du baroque est que le monde est en train de se construire. Rien n'est définitif. L'univers n'est pas donné une fois pour toutes, mais est sans cesse en évolution. Le baroque refuse le figé. Il est convaincu que tout se modifie, que tout se transforme, que tout change. Il est, par exemple, très sensible à la nature, parce que, pour lui, les modifications qu'elle subit, la succession des saisons, sont des signes palpables de ces transformations incessantes. Une telle conception explique le succès des romans marqués par l'aventure et les revirements (voir Honoré d'Urfé) ainsi que le développement d'une poésie lyrique qui exalte le sentiment de la nature (voir Théophile de Viau).

Un homme libre

De cette idée découle l'interprétation de la place de l'homme dans l'univers. Comme ce monde n'est pas figé, il n'existe pas de lois intangibles pour le régir. L'être humain, dans ces conditions, dispose d'une large liberté d'action. Il peut lutter, avec chance de succès, contre les forces extérieures qu'il doit affronter. Il n'est pas aliéné, parce que l'irréversible n'existe pas, parce qu'il a la possibilité du choix. Les héros des romans de l'époque ne sont pas dépendants d'une fatalité qui les dépasse, mais, au contraire, apparaissent maîtres de leur destin. Il en va de même des personnages du théâtre de Corneille au début de sa carrière. Dans *Le Cid*, par exemple, Rodrigue peut décider, en toute conscience, de son action. C'est librement qu'il choisit de faire passer l'honneur de sa famille avant son amour pour Chimène.

La conception de l'amour des baroques est significative à cet égard. Le sentiment amoureux n'est jamais suffisamment fort pour enfermer celui qui l'éprouve dans une passion indestructible et exclusive. Contrairement aux personnages de Racine, les héros baroques, s'ils sont parfois désespérés, meurent rarement d'amour.

Dans ces conditions, l'homme baroque refuse de s'enfermer à l'intérieur de lui-même. Il est largement ouvert sur l'extérieur. Il aspire à s'emparer de toutes les expériences qui s'offrent à lui, à les utiliser pour son épanouissement comme remèdes à l'aliénation. C'est pourquoi, en particulier, les romans de l'époque sont emplis d'événements et se déroulent dans des lieux multiples et divers.

Le refus des absolus

Interprétant ainsi le monde, le baroque rejette l'absolu : il ne croit pas en des vérités définitives, mais pense au contraire que tout relève des apparences. Ce qui compte pour lui, ce n'est pas ce qui est, mais ce qui paraît être.

Cette tendance se manifeste, de façon particulièrement nette, dans l'architecture baroque où les grandes lignes de la construction sont dissimulées sous les éléments décoratifs. C'est dans cette optique également que les créateurs baroques revendiquent la pleine liberté d'expression, refusant de soumettre leur art à des règles.

Une démarche sensuelle

Conscient d'être dans un monde complexe et divers, le baroque est sensible à cette richesse, entend profiter de la saveur de la vie, est attiré par le pittoresque, par l'anecdotique.

Le goût de l'ornement, voire de la surcharge, l'attirance pour le mouvement et pour la ligne courbe, le culte du lyrisme et du pathétique, la recherche du concret manifeste dans l'emploi des images, autant de traits qui donnent à l'expression baroque une grande sensualité. C'est l'art de la vie, parfois excessif et théâtral, mais séduisant par sa capacité à adhérer pleinement au monde.

3. La diversité de la littérature d'idées

A cette période historique divisée par les troubles politiques et marquée par la pluralité idéologique correspondent naturellement des formes de pensée diversifiées. Elles apparaissent clairement dans la littérature d'idées : en particulier, il s'affirme alors une approche libertine d'orientation athée, tandis que se développe une conception mondaine profondément influencée par la vie de cour.

La pensée libertine

Tout au long du XVIIᵉ siècle, se précise ce que l'on a appelé la pensée libertine. Le terme, au départ, n'a rien de péjoratif. Le mot *libertinage* ne désigne pas, comme aujourd'hui, la pratique de mœurs dissolues. Il s'applique à un mouvement de contestation qui refuse l'idéologie dominante.

Les libertins partent d'une conception philosophique, le matérialisme, qui explique tout à partir de la matière. Ils nient l'existence de Dieu. Ils remettent ainsi en cause la validité d'une société et d'une monarchie dont le pilier principal est la religion.

Dans ces conditions, ils sont amenés à refuser l'organisation sociale et politique de leur temps. Ils aspirent à une société fondée sur le respect du mérite et non sur la naissance. Ils exaltent les valeurs qui relèvent de la nature, estimant par exemple que le plaisir est positif, parce que naturel. Ils considèrent que le comportement individuel doit tenir compte de l'intérêt général. La morale des libertins s'inscrit dans cette perspective : Dieu n'existant pas, l'homme doit réaliser son épanouissement sur cette terre, rechercher les plaisirs offerts par la nature, mais avec une certaine modération dictée par la raison.

Le libertinage revêt plusieurs aspects. Il est parfois seulement un art de vivre, une façon de profiter de l'existence, de goûter les plaisirs de l'amour ou de la table. Il prend parfois place dans les œuvres littéraires, marquant par exemple la poésie de Théophile de Viau. Il donne lieu également à des œuvres philosophiques : en 1625, Gabriel Naudé (1600-1653) publie une *Apologie pour les grands personnages soupçonnés de magie,* réquisitoire brillant contre l'intolérance et le fanatisme. En 1647, de Gassendi (1592-1655), qui se pose comme le chef de file de cette pensée matérialiste, paraîtront le *De Vita et moribus Epicuri,* puis, en 1658, *Syntagma philosophicum,* deux ouvrages où il se réfère au philosophe grec Épicure. De son côté, François de La Mothe Le Vayer (1588-1672), dans des *Discours*, des *Traités* et des *Dialogues*, met en cause les pratiques religieuses et en doute l'existence de Dieu.

La littérature mondaine :
Nicolas Faret (1596?-1646) et
Jean-Louis Guez de Balzac (1595-1654)

Malgré les troubles, cette période voit le développement d'une Cour brillante. La vie sociale prend donc une grande importance et entraîne toute une réflexion sur le comportement à adopter envers les autres.

C'est dans cette optique que se situe *L'Honnête homme ou l'art de plaire à la cour* (1630) de Nicolas Faret. Cet ouvrage, qui connaît un grand succès, se propose deux buts : définir des méthodes pour faire bonne figure à la Cour, mais aussi dégager un idéal de conduite fondé sur la modération, la simplicité et le respect d'autrui.

Jean-Louis Guez de Balzac utilise une autre forme pour exposer ses idées sur le monde et sur l'homme. Il met au point le genre de la lettre littéraire : il s'agit d'une correspondance qui ne s'adresse pas seulement à son destinataire, mais qui est également rédigée pour être divulguée, pour être lue et commentée par les gens de goût. Ses *Lettres*, qui seront publiées en 1624, puis en 1665, abordent les sujets les plus divers. Désireux d'être « intelligible aux femmes et aux enfants », Guez de Balzac refuse le pédantisme et l'affectation, contribue à créer cette langue claire et simple qui sera celle de la seconde partie du XVIIᵉ siècle.

4. Les voies multiples de la poésie

La poésie lyrique :
Théophile de Viau (1590-1626)

Cette période est la période de la poésie lyrique, de l'épanchement personnel, des plaintes amoureuses, de la nostalgie du temps passé, de la crainte pathétique de la mort. C'est là un terrain privilégié du baroque que cultive, en particulier, Théophile de Viau. Libertin à la vie brève et mouvementée, il chante la solitude et la passion amoureuse, en un style imagé, plein de comparaisons, de métaphores, de ces exagérations que l'on appelle hyperboles.

La poésie satirique :
Mathurin Régnier (1573-1613)

Parallèlement à ce courant lyrique baroque, coule un flot réaliste. Mathurin Régnier, qui s'efforce à la description du réel, pratique la poésie satirique. Ce bon vivant, disparu lui aussi assez jeune, publie, de 1608 à 1612, plusieurs recueils de *Satires*. Dans un style bigarré, divers, il décrit la société de son temps. Il peint des portraits féroces qui lui permettent de ridiculiser ou de stigmatiser les vices et les défauts, de s'attaquer à l'avarice, à la méchanceté ou à la sottise de ses contemporains.

François de Malherbe

1555-1628

la remise en cause du baroque

Une œuvre charnière

Poète de cour, autorité littéraire, Malherbe apparaît comme un auteur charnière entre le xvie et le xviie siècle. Jusque vers la fin du xvie siècle, il pratique une écriture brillante, surchargée d'images, d'inspiration nettement baroque. Dans *Les larmes de saint Pierre,* poème religieux publié en 1587 qui évoque le reniement de saint Pierre, l'outrance est particulièrement nette. Le pathétique, le jeu des contradictions, l'accumulation des images, la personnalisation de la nature, s'entremêlent en un écheveau complexe de mots :

> « L'aurore d'une main, en sortant de ses portes,
> Tient un vase de fleurs languissantes et mortes,
> Elle verse de l'autre une cruche de pleurs,
> Et d'un voile tissu de vapeur et d'orage
> Couvrant ses cheveux d'or, découvre en son visage
> Tout ce qu'une âme sent de cruelles douleurs. »

Mais, peu à peu, Malherbe dompte son inspiration. Il recherche l'équilibre : et c'est la *Consolation à M. Du Périer* (rédigée en 1598-1599) ou *L'Ode à Marie de Médicis* (1600).

Une doctrine de la modération et de la raison

Mais Malherbe apparaît surtout important par l'affirmation d'une doctrine faite de modération, fondée sur la raison. Cette doctrine, qui annonce le classicisme, est essentiellement contenue dans les annotations critiques qu'il porte en 1606 sur un exemplaire de l'œuvre d'un poète contemporain, Desportes. Logique de la pensée et de la construction, prédominance de la raison sur l'imagination, refus de l'incohérence, condamnation de l'ambiguïté de l'expression, revendication de la pureté de la langue, tels sont les principes d'une démarche qui s'imposera au cours du siècle.

5. Roman :
l'outrance baroque

Prépondérante dans la poésie, l'outrance baroque est également manifeste dans l'écriture romanesque. On y retrouve les deux pentes que l'on avait notées précédemment, celle de l'idéalisme qui apparaissait dans le lyrisme et celle du réalisme qui était visible dans la satire.

Le paroxysme idéaliste

Le paroxysme idéaliste marque la conception du roman héroïque. Dans ces romans-fleuves, qui, la plupart du temps, se déroulent durant l'Antiquité, la passion amoureuse est essentielle. Il s'agit d'un amour éthéré, pur, qui est le moteur de toutes les actions humaines, qui pousse les grands hommes, les héros, à se livrer à de hauts faits pour plaire à la femme aimée.

Parmi ces romanciers, se distingue Marin Le Roy de Gomberville (1600?-1674) qui écrivit notamment *Carithée* (1621), mettant en scène Agrippine et Germanicus.

Mais l'affirmation de cette vision idéalisée anti-réaliste du monde a surtout donné *L'Astrée* d'Honoré d'Urfé : ce roman, qui connut un succès prodigieux, souligne cette attirance du lecteur pour un univers fictif qui lui permet de s'évader des dures réalités du moment.

Honoré d'Urfé

un roman-fleuve, L'Astrée

Un roman pastoral

Élevé dans la région champêtre du Forez, au sud-est du Massif central, qui sert de cadre à son roman, Honoré d'Urfé connut une existence aventureuse et romanesque au cours des guerres de Religion. Une fois la paix retrouvée, la grande affaire de sa vie, ce fut la rédaction de *L'Astrée.* Ce roman-fleuve de plusieurs milliers de pages parut de 1607 à 1627.

S'inspirant de la tradition du roman pastoral, la trame principale de *L'Astrée* est constituée par les amours champêtres du berger Céladon et de la bergère Astrée. Mais de nombreux épisodes secondaires interviennent et introduisent une atmosphère d'aventure et de guerre.

Le thème central : l'amour

Un schéma romanesque de l'amour se développe, avec le coup de foudre, la recherche d'une communion totale, mais aussi l'aliénation causée par un sentiment qui, malgré cette aspiration, n'est pas toujours partagé. Le système des amours décalées s'introduit : celui ou celle qui aiment ne sont pas aimés, mais, par contre, suscitent la passion d'une autre ou d'un autre qu'ils n'aiment pas. Racine, dans ses tragédies, adoptera une telle structure.

Le reflet de la vie de cour

Une dimension historique se fait jour : l'action se déroule dans la Gaule celtique. Mais elle est souvent inventée à plaisir et l'atmosphère est plutôt celle de l'époque d'Honoré d'Urfé.

En un style recherché, il se dégage de l'ensemble un idéal de comportement qui est celui des courtisans de ce début du XVIIe siècle : le mérite, les valeurs morales l'emportent dans une conception de l'amour selon laquelle « il est impossible d'aimer ce que l'on n'estime pas ». Corneille s'inspirera de ce précepte.

Le contre-pied réaliste

A cette inspiration idéaliste s'oppose résolument une manière réaliste. Elle est, en particulier, cultivée par Charles Sorel (1602-1674). Dans *Francion* (1623), il reprend la tradition du picaresque espagnol dont la construction romanesque repose sur le picaro, personnage en marge de la société. Francion, qui y joue ce rôle, se livre à une sorte de voyage d'exploration des milieux urbains et ruraux défavorisés.

En un style pittoresque, l'auteur présente une série de figures grotesques aux prises avec les préoccupations quotidiennes. Il se livre souvent à des constats lucides : il relève, par exemple, que «le plus abject du monde se fera respecter, moyennant qu'il ait de l'argent».

6. Théâtre : la complexité baroque

Le triomphe de la tragi-comédie

Durant ces années 1598 à 1630, il règne, dans le théâtre, la démesure et l'outrance. L'action dramatique est d'une grande complexité et l'on est loin de la simplicité, de l'unité qui prévaudront durant l'époque classique. Il en est de même pour le lieu qui sert de décor aux pièces. Des lieux multiples sont utilisés, alors que, plus tard, s'imposera le lieu unique. Le déroulement temporel est également marqué par l'ouverture : plusieurs jours, voire plusieurs semaines, s'écoulent ; le classicisme enfermera l'action dans une durée de vingt-quatre heures.

Ce refus de se plier à des règles est manifeste également dans le mélange du tragique et du comique et dans l'introduction d'invraisemblances ainsi que de données qui vont à l'encontre des conventions morales. Cette tendance à l'irrégularité explique que la tragédie et la comédie soient largement supplantées par la tragi-comédie qui mêle les genres, exploite le romanesque et utilise les effets de terreur et de cruauté.

Alexandre Hardy (1570-1632) : un théâtre de la démesure

Alexandre Hardy est représentatif de cette tendance. Ecrivain productif — il aurait écrit six cents pièces dont trente-quatre seulement furent publiées —, il a pratiqué tous les genres, à l'exclusion de la comédie. Il a composé des pastorales, qui prennent place dans le monde des bergers et des bergères et reprennent les thèmes de *L'Astrée* (*Corinne*, éditée en 1625). Il a conçu des tragédies qui se déroulent durant l'Antiquité (*Coriolan*, édité en 1625). Il a rédigé des tragi-comédies à l'intrigue romanes-que, comme *La force du sang* (éditée en 1625) qui met en scène les efforts d'une jeune femme pour recouvrer l'honneur et retrouver le bonheur après le traumatisme d'un viol.

Un théâtre plus modéré

A côté de cette conception qui repose sur le refus des règles de construction, un théâtre plus modéré essaie de se faire une place, en s'inspirant de la concentration de l'action, du temps et du lieu. Il s'affirme surtout dans la tragédie, avec notamment *Hector* (édité en 1604) de Antoine de Montchrestien (1575?-1621) et *Pyrame et Thisbé* (1621) de Théophile de Viau (1590-1626) qui raconte les amours tragiques de Pyrame et Thisbé dans le cadre exotique de Babylone.

1630-1661 : la période préclassique

1. De la démesure baroque à la modération classique

Une ligne de partage

Ces trente et une années, qui marquent comme une préparation du règne effectif de Louis XIV, constituent une ligne de partage. Le temps des désordres et des bouleversements n'est pas encore achevé : les événements de la Fronde (1648-1652) le montreront éloquemment. Mais le calme civil s'impose peu à peu avec l'affermissement du pouvoir royal. Aux soubresauts de la période précédente succède une certaine détente. Un nouvel équilibre est en train de s'instaurer.

La montée du classicisme

Les deux courants littéraires, celui de la démesure baroque et celui de la modération classique, voient leur force respective s'inverser. Le baroque ne meurt pas, loin de là, mais il cède peu à peu à l'autre tendance. Les notions de raison et d'absolu progressent, en particulier, au détriment des valeurs de l'imagination et du relatif.

Une littérature au double visage

Il n'est pas surprenant, dans ces conditions, de constater que la littérature de cette époque possède un double visage, un côté baroque et un côté classique, selon les auteurs et selon les genres.

Dans la littérature d'idées, s'impose une recherche de la vérité, avec les œuvres de René Descartes (1596-1650) et de Blaise Pascal (1623-1662), tandis que la pensée libertine continue à aspirer à la diversité.

Dans le domaine poétique, le baroque l'emporte avec le courant précieux illustré par Vincent Voiture (1597-1648) ou la manière burlesque pratiquée par Paul Scarron (1610-1660).

Le roman voit également la poursuite du baroque avec l'œuvre fleuve de Madeleine de Scudéry (1607-1701) ou *Le Roman comique* (1656) de Scarron.

Le théâtre, par contre, accomplit sa lente marche vers la régularité et le classicisme avec Pierre Corneille (1606-1684).

2. L'instauration du classicisme

Cette période est donc celle de la préparation du classicisme qui triomphera avec la génération suivante. Comme pour le baroque, il s'agit là d'une forme globale de pensée qui, évidemment, n'apparaît pas toujours dans sa totalité et dans sa pureté. Mais il est possible d'en dégager les grandes caractéristiques qui constituent comme le contre-pied des principaux traits baroques.

Un monde stable

L'idée-force du classicisme est que le monde se trouve entièrement achevé, totalement construit. Il est donné à l'homme tel qu'il est. L'être humain doit donc s'en contenter, sans pouvoir apporter de modifications sensibles à un univers qui relève du permanent, de l'intangible, du figé.

C'est ce qui explique, en particulier, la conception que les classiques ont des caractères et des comportements humains : pour eux, ils sont marqués par la continuité et ne peuvent subir des évolutions que dans le cadre de leur logique propre ; ainsi ne doit-on pas, dans une pièce de théâtre, achever l'action en faisant intervenir un changement de volonté, c'est-à-dire une modification radicale du comportement d'un personnage.

Un homme soumis à la fatalité

Le monde classique est donc un monde qui dépend de règles de fonctionnement très strictes. Il en est de même de l'homme qui apparaît profondément aliéné, soumis à son destin qui lui est imposé par Dieu.

Il est étroitement subordonné à la fatalité qui, inexorablement, malgré ses efforts, le conduit à sa perte : tels se révèlent les personnages du théâtre de Racine qui sont dans l'incapacité de faire un choix, d'imposer leur volonté.

A cette dépendance de l'homme s'ajoute son isolement : chacun se trouve enfermé dans son milieu et en lui-même, sans pouvoir communiquer profondément avec ses semblables.

Une attirance pour l'essentiel

Dans ces conditions, le classicisme est tourné vers l'essentiel. Il recherche ce qui définit les réalités dans leur profondeur et refuse ce qui relève du détail, ce qui est anecdotique. Il croit en une vérité unique qui finit toujours par triompher et rejette les prestiges du relatif et des apparences.

L'architecture classique est celle de la ligne droite, de l'affirmation des structures de la construction, du refus du décoratif. Le désir des créateurs classiques de se soumettre à des règles précises dans l'exercice de leur art va dans le même sens.

Un art austère

Toutes ces données font que l'art classique est caractérisé par l'austérité. Une grande économie y règne. La rigueur liée au culte de la raison triomphe. La clarté et la simplicité s'imposent. C'est un art parfois un peu désincarné, qui manque de chair, mais qui sait aller à ce qui est le plus important, en évitant le superflu.

3. Une littérature d'idées en quête de la vérité

La recherche de la vérité apparaît particulièrement dans la littérature d'idées. Cette aspiration constitue une constante qui n'empêche pas la diversité des solutions de s'exprimer. Tandis que s'affirme le système original de René Descartes (1596-1650), s'opposent la pensée jésuite et la pensée janséniste illustrée par Blaise Pascal (1623-1662) et se poursuit, on l'a vu (p. 23), le courant libertin.

René Descartes

1596-1650

la rigueur de la pensée

L'arbre de la science

Le système élaboré par Descartes est marqué par la rigueur. Dans la Préface des *Principes de la philosophie* (1644), il précise que la connaissance, « (...) la philosophie est comme un arbre ». Les racines sont constituées par la métaphysique : comme il l'indique dans les *Méditations métaphysiques* (1641), tout le système s'appuie sur l'existence de Dieu considéré comme le révélateur et le créateur des vérités. C'est en partant de Dieu que l'homme doit dégager les règles indispensables pour comprendre le monde. Dans cette perspective, la physique, application de cette conception de la connaissance, forme le tronc de l'arbre. Enfin les branches sont constituées par les autres sciences et par la morale qui apparaît comme l'aboutissement de la démarche et dont Descartes esquisse les grands traits dans le *Traité des passions* (1649).

La méthode cartésienne

La méthode cartésienne issue de cette conception est essentiellement fournie dans le *Discours de la méthode* (1637). Elle prend comme point de départ la solution de la table rase qui consiste à nier toute existence, toute donnée. Mais nier suppose en soi l'existence d'une pensée, puisqu'il faut penser pour nier. C'est le fameux « Cogito ergo sum », « Je pense, donc je suis » qui revient à poser l'existence d'une raison. Cette raison est susceptible de saisir la vérité, parce que Dieu existe qui a, à la fois, créé le monde et l'outil nécessaire pour le saisir, c'est-à-dire l'esprit humain.

Dès lors, se précisent les quatre moments de la méthode cartésienne : la révélation de la vérité par l'intuition ou la déduction que cautionne Dieu ; l'analyse destinée à trouver les vérités simples sous la complexité des faits ; la reconstruction de la complexité à partir des éléments isolés ; la vérification dont le but est de réparer les oublis éventuels.

L'importance de la pensée jésuite

Pour les Jésuites, dont l'idéologie est en pleine expansion à cette époque, le salut ou la damnation de chaque être humain ne sont pas entièrement entre les mains de Dieu, mais dépendent largement de la volonté de l'individu. L'homme dispose donc de sa liberté. La conception que les Jésuites ont du péché en est la conséquence. Pour qu'il y ait péché, il faut qu'il y ait conscience du péché. La casuistique vise, dans chaque circonstance, à faire la part du bien et du mal. La direction d'intention s'inscrit dans la même perspective : si, lorsque l'on agit, on envisage l'aspect positif de cette action et l'on en oublie l'aspect négatif, on ne pèche pas ; ainsi, dans un duel, il suffira de penser à la défense de son honneur pour être lavé du péché d'homicide.

La montée du Jansénisme

Cette période et les années qui suivent sont marquées par un violent affrontement entre Jésuites et Jansénistes. Du nom du théologien hollandais Jansénius (1585-1638), le Jansénisme, qui s'organise en France autour de l'abbaye de Port-Royal, dans la vallée de Chevreuse, s'oppose vigoureusement à la pensée jésuite.

Le grand principe de la doctrine repose sur cette idée que Dieu accorde la grâce à des élus qu'il choisit et la refuse aux autres. Dans ces conditions, l'homme n'a aucune prise sur son destin qui a été déterminé dès sa naissance : il ne peut opter pour le bien, s'il a été voué au mal ; il ne peut non plus suivre la voie du mal, s'il a été, en quelque sorte, «programmé» pour le bien.

Dans le même ordre d'idées, les Jansénistes véhiculent une conception du monde éminemment pessimiste : pour eux, le monde est livré au péché, l'homme est un être corrompu qui ne peut rien sans Dieu.

Blaise Pascal

1623-1662

une vision particulière du Jansénisme

Une vie contrastée

La vie de Pascal, le principal représentant de la pensée
janséniste, est marquée par les contrastes. Né en 1623
à Clermont-Ferrand, il reçoit une éducation à la fois
scientifique et littéraire, puis mène une jeunesse agitée à
Paris. La rencontre en 1646 de deux gentilshommes et
surtout l'extase mystique qu'il connaît en 1654 le conver-
tissent aux idées jansénistes. Il séjourne alors à l'abbaye
de Port-Royal dont il défend les positions. Malade, il entre
bientôt en conflit avec les Jansénistes auxquels il reproche
d'avoir accepté, sur l'injonction du Pape, de renoncer à
une partie de leur doctrine. Il meurt, encore jeune, le
19 août 1662.

Son œuvre est également contrastée. Il apparaît
comme un théoricien scientifique important, rédigeant, en
1640, un *Traité sur les coniques* ou mettant au point le
calcul des probabilités. Il a pratiqué les sciences expéri-
mentales, en travaillant notamment sur la pression atmos-
phérique. Il s'est adonné aux sciences appliquées, en
réalisant la première machine à calculer. Il a conçu deux
œuvres littéraires de première grandeur, les *Pensées* et
les *Provinciales*.

Une œuvre sublime : les *Pensées*

Les *Pensées* sont une œuvre inachevée. Il s'agit en fait de
notes et de fragments rédigés de 1656 à 1662 qui devaient
entrer dans une *Apologie de la religion chrétienne,* que
Pascal ne put mener totalement à bien. Mais ce qu'il laissa
constitue une œuvre majeure.

Pascal part d'un constat pessimiste : l'homme est un
être faible, physiquement, parce qu'il se trouve dans une
position intermédiaire entre l'infiniment grand et l'infiniment
petit et qu'il est soumis à la maladie, à la vieillesse, à la
mort ; intellectuellement, parce qu'il est incapable d'at-

teindre la vérité ; moralement, parce que, ni ange, ni bête, il ne parvient pas à assumer sa condition misérable. Il tente d'y échapper en utilisant le divertissement, c'est-à-dire en se livrant à des activités destinées à oublier.

Mais son seul espoir est Dieu. C'est en se vouant à lui qu'il pourra vivre pleinement et gagner son salut. Pour y parvenir, Pascal propose quelques « recettes » qui, s'éloignant de l'optique janséniste, font appel à la volonté et à la détermination de l'homme. C'est l'argument du pari qui consiste à miser sur l'existence de Dieu et de la vie éternelle, en échange de quelques sacrifices durant la vie terrestre éphémère. C'est la méthode de la prière intensive susceptible de déclencher le mécanisme de la foi. Mais surtout, l'être humain doit privilégier ce qui relève du cœur : il s'agit là de la source des véritables connaissances, des connaissances intuitives, de celles qui ne sont pas démontrables. Relevant de l'esprit de finesse et non de l'esprit de géométrie rationnel, c'est, pour Pascal, l'essentiel, dont il dit, de façon significative : « Le cœur a ses raisons que la raison ne connaît pas. »

Tel est le contenu des *Pensées,* œuvre lyrique et passionnée, qui marie, avec bonheur, la puissance de la conviction et le génie du raisonnement.

Une œuvre polémique : les *Provinciales*

Écrites de 1656 à 1657, les *Provinciales* ont une tout autre tonalité. Se présentant sous la forme de lettres, elles furent rédigées à la demande des Jansénistes de Port-Royal pour répondre aux attaques des Jésuites. Il s'agit donc d'une œuvre polémique qui se propose une double but : préciser la position des Jansénistes sur le problème controversé de la grâce et dénoncer les pratiques religieuses des Jésuites comme hypocrites et laxistes.

Les *Provinciales* valent par l'art de la persuasion, par la vivacité du style et surtout par le recours à une ironie qui consiste à faire éclater les contradictions d'une idée en en dégageant les extrêmes conséquences.

4. Poésie : persistance des tendances baroques

Si la raison classique gagne largement la littérature d'idées, la poésie demeure massivement le domaine du baroque. Ce baroque est manifeste dans les multiples expressions poétiques, mais apparaît, de façon particulièrement significative, dans l'écriture burlesque et dans la manière précieuse.

Paul Scarron (1610-1660) et la poésie burlesque

Durant cette période, se développe le courant burlesque d'inspiration baroque. Le burlesque essaie de rendre compte de la complexité et de la diversité du monde, en en montrant les contradictions. Pour le burlesque, les choses ne sont pas unes, mais constituées d'éléments qui se juxtaposent, s'entremêlent, se contredisent.

Le burlesque s'efforce de dégager ces oppositions : il se joue, par exemple, à utiliser un style bouffon pour évoquer un sujet réputé sublime ou encore, dans une perspective que l'on appelle héroïco-comique, il se sert, au contraire, d'une expression relevée pour rendre compte de sujets prosaïques. Il montre l'abîme qui existe souvent entre ce que souhaite paraître un personnage et ce qu'il est réellement, en mettant par exemple en scène le fanfaron qui voudrait donner de lui l'image de la bravoure et qui fait preuve d'une lâcheté sans bornes. Il crée le comique, présentant en parallèle les efforts déployés pour parvenir à un but et les résultats dérisoires obtenus.

Paul Scarron apparaît le maître de cette manière. Et

pourtant, sa pénible destinée ne semblait pas devoir le porter au rire. Après une vie agitée, une mystérieuse maladie le frappe en effet en 1640 : il est désormais paralysé, difforme. En 1652, il conclut un mariage de convention avec Françoise d'Aubigné, la future Madame de Maintenon qui deviendra la maîtresse de Louis XIV, puis son épouse, à l'issue d'un mariage secret.

Romancier et dramaturge, il a cultivé également la poésie. Il a écrit les *Œuvres burlesques* (1643-1651) où il évoque avec réalisme des scènes de rue et *Typhon ou la Gigantomachie* (1644) où il présente les dieux de l'Olympe dans la médiocrité des comportements humains. Il est surtout l'auteur de *Virgile travesti* (1648-1659) : il reprend le thème du poème épique de Virgile, *L'Énéide,* récit de la chute de Troie, et fait des héros de l'Antiquité des bourgeois français uniquement préoccupés des choses matérielles. Utilisant les anachronismes, il suscite le rire, tout en démystifiant l'enflure de la poésie sérieuse, en un style réaliste. Ainsi évoque-t-il la fuite d'Énée et de son père pendant l'incendie de Troie :

> « Quoique j'eusse l'échine forte,
> Mon bon père à la chèvre morte[1],
> Ne put sur mon dos s'ajuster,
> Ni je n'eusse pu le porter ;
> Par bonheur je vis une hotte :
> Mon père dedans on fagote
> Et tous nos dieux avecque lui. »

Vincent Voiture (1597-1648) et la poésie précieuse

Parallèlement au burlesque, la préciosité connaît un grand essor. Ce courant littéraire tourne le dos au réalisme et s'oppose donc au burlesque. Mais, comme lui,

1. Lourd comme une chèvre morte.

il s'inscrit dans une perspective résolument baroque. Comme le baroque, l'écriture précieuse est marquée par une subtilité d'expression destinée à rendre compte de la complexité du monde. Comme lui, elle recherche l'effet. Comme lui, elle accumule les images et utilise la métaphore, procédé qui consiste à supprimer le second terme d'une comparaison, à dire, par exemple, pour désigner un siège, les « commodités de la conversation », au lieu de préciser « un siège, c'est comme les commodités de la conversation ». Mais il s'agit d'un baroque spécifique fait de légèreté et de badinage.

La poésie précieuse cultive l'art raffiné de parler discrètement d'amour, d'éviter les drames et les déchirements de la passion. Le développement de la société de cour, la multiplication des salons où brillent les femmes expliquent la montée de cette poésie.

Vincent Voiture s'y illustre particulièrement. Habitué du salon de Madame de Rambouillet, il a écrit des *Poèmes* et des *Lettres* qui ne seront publiés qu'en 1649 et 1658. Son expression est un modèle de surcharge et de complication. Il joue sur l'hyperbole qui exploite les effets de l'exagération, sur l'antithèse qui consiste à unir deux mots de signification contraire, comme dans ce quatrain du *Sonnet d'Uranie* :

> « Dès longtemps je connais sa rigueur infinie !
> Mais, pensant aux beautés pour qui je dois périr,
> Je bénis mon martyre et, content de mourir,
> Je n'ose murmurer contre sa tyrannie. »

La vie
des salons

La préciosité dont se moquera Molière se développe essentiellement dans les salons parisiens, animés par des femmes, notamment dans ceux de Madame de Rambouillet et de Madame de Scudéry. Un véritable cérémonial s'instaure. Les dames reçoivent leurs hôtes dans leurs chambres, étendues ou assises au pied du lit. D'un côté du lit, dans ce que l'on appelle une ruelle, s'empressent les serviteurs ; dans l'autre ruelle, prennent place les invités.

L'art de la conversation s'y développe à loisir. On parle des grands problèmes de l'heure. Les précieuses revendiquent hautement l'égalité de la femme, son droit à la culture, sa liberté de choix en particulier dans le mariage. La littérature est un sujet privilégié. On juge des ouvrages. On organise des concours de poésie. On se donne comme surnoms les noms des héros des romans à la mode.

Dans ce monde de désœuvrés, les jeux de société jouent un grand rôle. Le jeu du portrait consiste, en procédant par questions et réponses, à faire deviner l'identité d'un familier du salon. Dans le jeu du corbillon, il s'agit d'énumérer des défauts ou des qualités d'une personne, en utilisant des mots finissant par « on ». On ne recule pas devant la plaisanterie : après avoir raccourci ses habits, on fait par exemple croire au comte de Guiche que son corps a gonflé à la suite d'un empoisonnement par les champignons et l'on rit de son effroi lorsqu'il essaie de mettre ses vêtements. On ne s'ennuyait décidément pas dans les salons à la mode...

5. Roman : réalisme et idéalisme baroques

L'opposition entre roman réaliste et roman idéaliste se poursuit. D'un côté, se continue la tradition du roman comique, avec Paul Scarron (1610-1660) et Savinien de Cyrano de Bergerac (1619-1655). De l'autre, dans le prolongement du roman héroïque, s'affirme l'œuvre de Madeleine de Scudéry (1607-1701).

Le Roman comique (1656) de Paul Scarron (1610-1660)

Dans *Le Roman comique,* Paul Scarron reprend la tradition du *Francion* de Sorel. Prenant comme prétexte l'histoire sentimentale de Destin et de L'Étoile qui, persécutés dans leur amour, sont devenus comédiens pour échapper à leurs ennemis, Scarron montre la vie d'une troupe de théâtre ambulante. Cela lui donne l'occasion d'une description pittoresque de la société de son temps.

    Comme dans son œuvre poétique, il utilise une écriture burlesque qui est fondée sur le jeu des oppositions. Il insiste en particulier sur les contradictions qui divisent les personnages, en introduisant notamment Ragotin, être chétif et disgracié, amoureux d'une belle comédienne, constamment tourné en dérision, sans cesse affronté à des mésaventures : il met ainsi le pied dans un pot de chambre dont il ne parvient pas à se dégager.

Les romans philosophiques
de Savinien de Cyrano de Bergerac
(1619-1655)

Savinien de Cyrano de Bergerac est lui aussi influencé par
l'écriture burlesque. Sa vie agitée et romanesque est
devenue légendaire : mousquetaire, disciple du libertin
Gassendi, impliqué dans les événements de la Fronde, il
est grièvement blessé en 1654 par la poutre d'un
échafaudage et meurt l'année suivante de cet accident ou
de cet attentat.

Il a écrit deux romans : *Les États et Empires de la lune*
rédigés en 1649 et publiés en 1657, *Les États et Empires du
soleil* achevés en 1650 et édités en 1662. Il y reprend
l'écriture burlesque, en exploitant les effets d'opposition.
Mais sa perspective est originale en plus d'un point. En
transportant l'action sur la lune et sur le soleil, il fait
œuvre d'anticipation. Il montre un don de visionnaire, en
annonçant la fusée à étages ou le tourne-disque, « un livre
miraculeux qui n'a ni feuillets ni caractères (...), où pour
apprendre les yeux sont inutiles » (dans *Les États et
Empires de la lune*). Enfin, il expose toute une philosophie :
il développe une pensée matérialiste et, avant Voltaire,
utilise la fiction de pays imaginaires, pour critiquer
l'organisation sociale de son époque et proposer ses
propres solutions.

Madeleine de Scudéry

1607-1701

des romans-fleuves idéalistes

Une conception baroque

La tradition du roman idéaliste est surtout illustrée par l'œuvre de Madeleine de Scudéry. Animatrice d'un salon littéraire à partir de 1650, reine des précieuses, elle consacrera l'essentiel de sa vie à écrire des romans interminables. L'influence baroque y est évidente : l'action se révèle d'une grande complexité, émaillée de multiples épisodes secondaires.

Une conception idéaliste du monde se fait jour : héros et héroïnes agissent sous l'impulsion des grands sentiments. La tonalité précieuse domine : il s'y révèle une conception raffinée de l'amour, tandis que l'expression est marquée par la complication et par l'abondance des images.

Romanesque et préciosité

Le Grand Cyrus, ouvrage de 13 095 pages publié de 1649 à 1653, se déroule dans la Perse du Ve siècle av. J.-C. Cyrus, qui cache sa véritable identité sous le nom d'Artamène, assiège la ville de Sinope qui s'est soulevée contre Cyaxare. Son amante, Mandane, fille de Cyaxare, s'y trouve prisonnière, après avoir été enlevée par le roi d'Assyrie. Mazare, le prince des Saces, l'enlève à son tour, ce qui amène les deux adversaires à s'unir contre leur rival commun. Accusé de trahison pour cette alliance, Artamène révèle son véritable nom et, après bien des péripéties, retrouvera celle qu'il aime.

Clélie (1654-1660), œuvre en dix volumes, contient la fameuse Carte du Tendre : cette carte géographique, constante référence des précieuses et des précieux, reproduit l'itinéraire symbolique suivi par l'amant qui doit notamment éviter le Lac d'Indifférence et la Mer dangereuse, pour gagner le Village de Sincérité ou de Générosité.

6. Théâtre : l'établissement de la régularité classique

C'est durant cette période que s'établit ce que l'on appelle le théâtre classique ou le théâtre régulier. Mais il s'agit d'une évolution progressive. Cette génération, dans laquelle se distinguent Jean Mairet (1604-1686), Jean Rotrou (1609-1650) et surtout Pierre Corneille (1606-1684), apparaît comme une génération de transition.

Les grands traits du théâtre régulier

Ce que l'on appelle le théâtre régulier est ainsi dénommé parce qu'il respecte un certain nombre de règles de fonctionnement.

Il s'agit d'abord de la fameuse règle des trois unités. La pièce doit être unifiée autour d'une intrigue principale et centrale qui ne doit jamais être perdue de vue : c'est l'unité d'action.

Elle doit occuper une durée proche de la durée de la représentation : c'est l'unité de temps qui cantonne les faits dans les limites des vingt-quatre heures.

Elle doit prendre place dans une salle unique qui coïncide avec l'espace réel de la scène : c'est l'unité de lieu.

A ces trois unités s'ajoute une quatrième, l'unité de ton. Pour mieux dégager la tonalité de la pièce, le théâtre régulier refuse le mélange des genres. D'un côté, se place la tragédie, qui met en scène des personnages éminents dont le sort est lourd de conséquences sur le destin de peuples entiers, qui connaît un déroulement tendu et s'achève sur une fin malheureuse. De l'autre, s'affirme la comédie, qui représente des gens de moyenne ou petite condition saisis dans leur vie quotidienne, qui est marquée par un développement dépourvu de tension et par un dénouement heureux. Le théâtre régulier rejette donc la tragi-comédie, ce genre intermédiaire à l'action tendue et à la fin heureuse.

Enfin, la recherche toute classique de la modération, l'aspiration au juste milieu imposent le respect des vraisemblances et des bienséances : il convient de ne rien présenter sur scène qui puisse aller à l'encontre de la croyance moyenne du spectateur ou de ses conceptions morales.

Il se construit ainsi une forme de théâtre qui recherche, à la fois, la mesure et la concentration. Cette aspiration a des conséquences importantes sur le fonctionnement dramaturgique. Le nombre des personnages tend à diminuer et la pièce à s'organiser autour d'un héros central dont les desseins et l'action se trouvent combattus par des adversaires qui jouent le rôle d'obstacles. La situation décrite est une situation de crise : une série d'événements l'ont provoquée, mais la pièce débute alors que cette crise a éclaté et en représente les rebondissements qui débouchent sur le dénouement.

Pierre Corneille

une longue carrière

1606-1684

Pierre Corneille fait partie de cette brillante génération qui, vers 1630, s'efforce de trouver de nouvelles formules dramaturgiques. S'il se distingue des autres auteurs de son temps, c'est qu'il a su incontestablement mieux exploiter qu'eux la diversité théâtrale qui marque son époque et a prolongé sa carrière très loin à l'intérieur du XVIIe siècle, jusqu'en 1674, ce qui lui a permis de bénéficier des apports successifs qui enrichiront le théâtre français.

Une vie au service du théâtre

La vie de Pierre Corneille est rythmée par sa production théâtrale. Sa vocation est, en grande partie, déterminée par les conditions de son enfance. Il naît en 1606 à Rouen, ville réputée pour ses maisons d'édition de pièces de théâtre. Il mène ses études dans un collège dirigé par les Jésuites qui utilisaient les représentations théâtrales dans des buts pédagogiques. Il n'est pas surprenant, dans ces conditions, qu'il abandonne rapidement la carrière d'avocat à laquelle le destinait son père, pour se consacrer à la scène.

En 1629, sa première pièce, une comédie, *Mélite,* est représentée avec succès au Théâtre du Marais. La consécration viendra en 1637, avec la tragi-comédie *Le Cid* qui suscite une violente querelle : les partisans du théâtre régulier lui reprochent de ne pas respecter les règles. Mais, malgré cette polémique, la pièce remporte un triomphe. Corneille régnera désormais sur la scène française jusqu'en 1651 et l'échec de *Pertharite.* Il quitte alors le théâtre pendant huit ans. Il y reviendra en 1659, mais durement concurrencé par Racine, il se retirera définitivement en 1674.

Une œuvre complexe

L'œuvre théâtrale de Pierre Corneille est diverse et contrastée. Au début de sa carrière, il écrit surtout des comédies : de 1629 à 1644, il en compose huit. Elles n'ont pas pour but de susciter le gros rire mais, d'une écriture nuancée, exploitent la veine romanesque des amours contrariées, des enlèvements et des duels. D'abord marquées par l'irrégularité (*Mélite*, 1629 ; *La Place royale*, 1634), elles deviennent plus proches des exigences du théâtre classique (*Le Menteur*, 1643 ; *La Suite du Menteur*, 1644). L'œuvre comique de Corneille est importante, parce que, s'éloignant des gros effets, elle facilite le regain d'intérêt pour un genre alors déconsidéré.

Montrant la persistance des genres hybrides, Corneille est également l'auteur de pièces tragi-comiques ou proches de la tragi-comédie. Il en a écrit huit, parmi lesquelles se distingue bien sûr *Le Cid* (1637). Le cas de conscience de Rodrigue partagé entre son amour pour Chimène et sa volonté de venger son père offensé par le père de celle qu'il aime est devenu légendaire. L'intensité de l'amour ressenti, la soumission sans failles au devoir et à l'honneur, l'aspiration à la perfection, autant de traits qui font de Rodrigue un héros exemplaire.

Mais Corneille a surtout composé des tragédies. Dans les dix-sept pièces qui se réclament de ce genre, il a adopté des solutions variées. Si les règles classiques sont généralement appliquées, il passe d'une action simple (*Horace,* 1640 ; *La Mort de Pompée*, 1643) à une action complexe qui marque les œuvres de la seconde partie de sa carrière (*Pertharite,* 1651 ; *Suréna,* 1674). Une évolution se fait également sentir en ce qui concerne les sujets adoptés : après avoir privilégié l'Antiquité latine, il situe de plus en plus l'action de ses pièces dans des pays réputés barbares, en particulier chez les Goths, les Parthes et les Huns (*Pertharite,* 1651 ; *Attila,* 1667), ce qui lui permet d'exploiter les effets de terreur et de cruauté.

Mais ce sont surtout ses pièces à sujets romains qui ont assis sa réputation. Tout y repose sur des cas de conscience, ce que l'on a appelé les dilemmes cornéliens. Dans *Horace* (1640), le combat organisé entre les trois Horaces, champions des Romains et les trois Curiaces, représentants de la cité rivale d'Albe, pour décider de la suprématie entre les deux peuples, partage les protagonistes entre leur patriotisme et les liens familiaux qui les unissent. Dans *Cinna* (1641), l'Empereur Auguste est amené à choisir entre la punition des comploteurs, en particulier de son favori Cinna, et la clémence. Dans *Polyeucte* (1642), le héros qui a donné le titre à la pièce doit opter entre sa nouvelle foi chrétienne incompatible avec la société païenne dont il fait partie, et son amour pour sa femme, entre sa vie spirituelle et sa vie corporelle.

L'héroïsme cornélien

L'héroïsme marque de son sceau la conception du monde du théâtre de Corneille. La grandeur de l'homme consiste à veiller à sa « gloire », c'est-à-dire à son honneur. Accomplir son honneur, dans cette perspective, c'est correspondre à l'image que l'on se fait de soi. Mais il ne s'agit pas seulement d'un comportement personnel. Il intervient des valeurs qui dépassent l'individu, qui sont cautionnées par l'Histoire et par la société. L'honneur de Rodrigue du *Cid* qui consiste à venger son père est à la fois son honneur personnel, mais aussi l'honneur de sa caste. L'honneur de Polyeucte qui réside dans sa fidélité à sa foi chrétienne nouvelle est individuel, mais aussi véhiculé par toute la communauté des croyants.

Cette conception suppose la maîtrise absolue de ses impulsions, mais également l'affirmation de la liberté. Parce que les personnages choisissent la voie de l'honneur, ils assument leur condition, rejettent l'aliénation, se posent en hommes libres dans un monde où n'existe pas la fatalité. Dans ce sens, significative est cette déclaration de l'Empereur Auguste hésitant un moment entre le pardon et le châtiment des comploteurs :

« Je suis maître de moi comme de l'univers ;
Je le suis, je veux l'être » (*Cinna,* acte V, scène 3).

Le système dramatique de Corneille

Le système dramatique de Corneille est relativement proche du système classique. Les deux buts qu'il propose au théâtre sont de plaire et d'instruire.

Pour lui, ce second impératif doit être atteint, non pas en faisant en sorte que les bons soient récompensés et les méchants punis, mais en peignant les caractères de manière à ce que le spectateur soit attiré par les qualités et révulsé par les défauts : si une pièce, écrit-il, veut provoquer l'horreur des mauvaises actions, « ce n'est point par leur punition, qu'elle n'affecte de nous faire voir, mais par leur laideur qu'elle s'efforce de nous représenter au naturel » (Épître dédicatoire de *Médée*). Les personnages peuvent avoir un comportement excessif, à partir du moment où il est cautionné par l'Histoire. Mais ils doivent, dans leur action, privilégier le sentiment fort de l'honneur au détriment du sentiment faible de l'amour. Quant aux règles, si Corneille les respecte dans la lettre, il n'en est pas esclave, il se donne la possibilité de « les apprivoiser adroitement avec notre théâtre » (Épître de *La Suivante*).

Le style est mis au service de ce système dramaturgique complexe. Corneille s'efforce, d'un côté, d'individualiser ses personnages. Mais il aspire aussi à l'expression de vérités générales qui prennent place dans les nombreuses sentences, formules concises aptes à rendre compte de telles données :

« Il est doux de périr après ses ennemis » (*Rodogune,* acte V, scène 1).

« La tendresse n'est point de l'amour d'un héros »[1] (*Suréna,* acte V, scène 3).

« Pour grands que soient les rois, ils sont ce que nous sommes » (*Le Cid,* acte I, scène 3).

---

1. La tendresse n'appartient pas à l'amour d'un héros.

1661-1680 :
la génération
classique

1. L'attachement à l'ordre et à l'unité

Vingt années essentielles

1661-1680 : durant ces quelque vingt années, éclôt le classicisme, produit de cette génération d'écrivains à laquelle on assimile souvent l'ensemble du XVIIᵉ siècle. C'est l'époque privilégiée où fleurissent une multitude d'auteurs de talent, où, dans le cadre de la monarchie absolue qui triomphe, s'impose une littérature d'ordre attachée aux règles, à la concision, à la clarté.

Un classicisme contrasté

C'est alors que se précise, après l'époque antérieure de transition, la victoire du classicisme sur le baroque. Ces deux données essentielles du XVIIᵉ siècle continuent, en fait, à cohabiter, comme elles le font durant toute la période. C'est leur importance respective qui se modifie, au profit du classicisme.

Cette prédominance du classicisme ne signifie pas homogénéité. A l'intérieur de cette génération, des solutions différentes sont proposées.

Dans la littérature d'idées, s'affirment, par exemple, côte à côte, la pensée de l'homme du monde chez La Rochefoucauld (1613-1680), la vision religieuse d'un Bossuet (1627-1704) et la conception libertine d'un Saint-Évremond (1613?-1703).

En poésie, s'opposent le lyrisme d'un La Fontaine (1621-1695) et le prosaïsme d'un Boileau (1636-1711).

Pour le roman, Madame de Lafayette (1634-1693) et sa manière idéaliste contrastent avec Furetière (1619-1688) qui continue la tradition réaliste.

Au théâtre, la comédie de Molière (1622-1673) se développe parallèlement à la tragédie de Racine (1639-1699).

Les contrastes de la période classique

La manière de vivre et de sentir de l'homme de cour montre bien les contradictions qui divisent le classicisme.

On prône le triomphe de la vérité, et l'on se réfugie dans une vie d'apparences où il convient de dissimuler constamment ses véritables sentiments, de jouer le grand jeu de l'honnête homme, à coups de masques, de faux-semblants. On loue la véritable valeur fondée sur le mérite, et l'on a besoin, pour faire bonne figure dans le monde, de l'attrait de somptueux habits. On défend la juste mesure, et l'on se jette à corps perdu dans l'exaltation individuelle. La création artistique n'échappe pas à ces contradictions. L'amateur d'art de cette époque peut être le spectateur de cette cohabitation du classicisme et du baroque, de la mesure et de la démesure.

En architecture, Louis XIV hésite longuement, lorsqu'il décide d'apporter des modifications au palais du Louvre : il songe un moment à confier ce travail au baroque italien Bernin qu'il fait venir à Paris, avant de s'en remettre, en 1665, à l'architecte classique Perrault.

En peinture, Le Brun compose des tableaux qui exploitent l'éternel antique, tandis que Lulli développe une conception de la musique tournée vers l'éphémère, le fluctuant.

Au théâtre, les spectateurs peuvent assister à la représentation de pièces régulières ; mais, parallèlement, triomphent les spectacles de cour qui refusent la séparation des genres, qui accordent une importance prépondérante aux apparences, qui ont recours à de nombreux éléments réputés baroques, comme la métamorphose, les jeux d'eau, les feux d'artifice, les apparitions, qui mettent à contribution une machinerie complexe.

2. Une riche littérature d'idées

Tout au cours de cette période classique, la littérature d'idées apparaît d'une grande richesse. C'est que le développement de la vie de salon, qui donne une place importante à la vie collective, encourage la réflexion sur l'homme.

Dans ces conditions, la littérature destinée à l'homme du monde connaît une expansion considérable et suscite la pratique de genres qui permettent de véhiculer plaisamment les idées. C'est la maxime, avec François de La Rochefoucauld (1613-1680). Ce sont les Mémoires, avec le Cardinal de Retz (1613-1679). C'est la lettre, avec la Marquise de Sévigné (1626-1696). C'est l'exposé familier, avec le Chevalier de Méré (1607-1684).

Parallèlement, s'affirme une littérature plus austère, support des divergences idéologiques : ainsi s'opposent ou se nuancent les orientations libertine, avec notamment Saint-Évremond (1613?-1703), cartésienne, avec Nicolas de Malebranche (1638-1715) ou janséniste, avec Pierre Nicole (1625-1695) et la pensée religieuse de Jacques-Bénigne Bossuet (1627-1704).

François de La Rochefoucauld

1613-1680

l'art de la maxime

Un déçu de l'action

La Rochefoucauld est un exemple de ces nobles qui, déçus par l'action, se réfugient dans la vie mondaine. Après avoir été l'un des chefs de l'armée rebelle durant la Fronde, il obtient le pardon du roi et devient un habitué du salon de Madame de Lafayette. Il n'abordera la littérature que tardivement, en commençant à élaborer les *Maximes* en 1658.

Le goût du paradoxe

Paru pour la première fois en 1664, l'ouvrage porte à son point de perfection le genre de la maxime. Il s'agit d'exprimer, de façon concise, une vérité générale, en recherchant le brillant de l'expression, en maniant le paradoxe. Destinées à un public de cour, les maximes de La Rochefoucauld marient avec bonheur abstrait de la démonstration et concret de l'exemple, en un ensemble homogène où se développe l'effet de surprise créé par une formulation inattendue :

« Ce qui nous rend la vanité des autres insupportable, c'est qu'elle blesse la nôtre » (Maxime 389).

L'homme livré à l'amour-propre

Pour La Rochefoucauld, l'amour-propre est au centre du comportement humain : il s'agit d'une sorte d'instinct vital qui pousse chaque individu à assurer sa survie, à défendre son identité face à autrui, à tout ramener à soi, à faire triompher son intérêt.

Dans ces conditions, il n'existe pas véritablement de qualité. Toute qualité n'est qu'un vice déguisé destiné à tromper les autres, à affirmer sa supériorité sur eux. Dans cette démarche, la force de l'amour-propre est telle qu'il parvient à leurrer celui même qui en est le siège.

Le Cardinal de Retz

1613-1679

un mémorialiste

Une vie agitée

Le Cardinal de Retz est lui aussi un de ces hommes attirés par l'action qui, déçu, se réfugie dans l'écriture. Homme d'Église, coadjuteur de l'archevêque de Paris en 1643, cardinal en 1652, archevêque de Paris en 1653, il joue un rôle important durant les événements de la Fronde. Son action ambiguë et ondoyante lui vaut d'être emprisonné à Vincennes, puis à Nantes d'où il s'évade. Exilé, il finit par obtenir la grâce du roi et accomplit alors une carrière diplomatique.

Des Mémoires pleins de vie

Après avoir publié, en 1665, la *Conjuration du Comte Jean-Louis de Fiesque,* véritable panégyrique de la révolte contre le pouvoir tyrannique, c'est vers 1671 qu'il entreprend la rédaction de ses *Mémoires :* ils ne paraîtront qu'en 1717. La première partie retrace la vie agitée de sa jeunesse. La seconde partie est consacrée à son activité politique et religieuse durant les années 1643-1654 et aborde notamment les événements de la Fronde. La troisième partie se penche sur son action diplomatique à Rome.

Les *Mémoires* du Cardinal de Retz se distinguent par la spontanéité de l'expression et la subtilité du style. Il excelle dans l'art du récit, mais aussi dans la technique du portrait si prisé des gens de salons. Il sait à merveille manier l'ironie et dégager les contradictions qui divisent l'être humain, comme dans cette évocation au vitriol de La Rochefoucauld : « Il a voulu se mêler d'intrigues dès son enfance, et en un temps où il ne sentait pas les petits intérêts, qui n'ont jamais été son faible, et où il ne connaissait pas les grands, qui d'un autre sens n'ont pas été son fort. »

Madame de Sévigné 1626-1696

le succès de la lettre littéraire

De même que les Mémoires qui permettent à l'écrivain de s'exprimer à titre personnel, la lettre connaît un essor considérable durant cette période de développement de la vie de salon. La Marquise de Sévigné se distingue dans ce genre qui, sous couvert de correspondance personnelle, est prisé dans les réunions mondaines où il donne lieu à lectures et commentaires.

Une mère passionnée

Une grande partie des quelque mille cinq cents lettres que Madame de Sévigné nous a laissées ont été écrites à sa fille, Madame de Grignan. Elles concernent, pour la plupart, la période allant de 1671 à 1696. C'est alors en effet qu'elle est séparée de sa fille qui, après avoir épousé le comte de Grignan, s'est installée en Provence. Veuve depuis 1651, Madame de Sévigné a reporté toute son affection sur cette enfant. Elle manifeste sa passion dans cette correspondance assidue dont la première édition complète, après la publication partielle de 1696-1697, ne verra le jour qu'en 1734-1737.

Une grande diversité de thèmes

Dans ses lettres, Madame de Sévigné aborde les thèmes les plus variés. Elle y traite souvent, en véritable journaliste, des événements marquants de son époque. Elle y évoque, par exemple, le procès de Fouquet, l'exécution de la Brinvilliers impliquée dans une ténébreuse affaire de poisons, la mort glorieuse de Turenne au cours d'un combat, le suicide du cuisinier Vatel désespéré de ne pas avoir reçu à temps les poissons destinés à préparer un festin au roi. Elle y exprime l'intensité de son amour maternel. Elle y excelle à dépeindre les caractères et les comportements. Elle y expose ses goûts littéraires et artistiques. Elle s'y attarde sur des considérations philosophiques, disant son angoisse devant la mort ou sa réprobation de la guerre.

A chaque fois, elle sait trouver le mot juste, en une expression savoureuse et diverse. Le lyrisme et le pittoresque se font souvent jour, notamment dans la description de la nature dont elle saisit, avec talent, toutes les nuances, toutes les subtilités, toutes les transformations, comme dans cette évocation de l'automne : « Je suis venue ici achever les beaux jours, et dire adieu aux feuilles ; elles sont encore toutes aux arbres ; elles n'ont fait que changer de couleur : au lieu d'être vertes, elles sont aurores, et de tant de sortes d'aurore, que cela compose un brocart d'or riche et magnifique, que nous voulons trouver plus beau que du vert, quand ce ne serait que pour changer. » Elle a souvent recours à un humour corrosif, comme dans la présentation de cette nouvelle bouleversante que constitue, pour les gens de la Cour, l'annonce du mariage entre Monsieur de Lauzun et la Grande Mademoiselle, petite-fille de Henri IV : « Je m'en vais vous mander la chose la plus étonnante, la plus surprenante, la plus merveilleuse, la plus miraculeuse, la plus triomphante, la plus étourdissante, la plus inouïe, la plus singulière, la plus extraordinaire, la plus incroyable, la plus imprévue, la plus grande, la plus petite, la plus rare, la plus commune, la plus éclatante, la plus secrète jusqu'aujourd'hui, la plus brillante, la plus digne d'envie. » Peut-on, avec plus de brio, se moquer de la légèreté de son propre milieu ?

Le Chevalier de Méré (1607-1684) et l'idéal de l'honnête homme

Dans ses *Conversations* (1668) et ses *Discours* (1671-1677), le Chevalier de Méré adopte l'exposé détendu pour approfondir l'idéal de l'honnête homme déjà défini par Nicolas Faret. Dans une prose élégante, équilibrée, sobre, il fait le portrait de l'homme de cour selon ses vœux.

L'honnête homme doit être capable de briller dans tous les milieux et en toutes circonstances. Il doit, pour ce faire, éviter les connaissances trop spécialisées, mais, au contraire, être capable de parler de tout. Il ne doit pas être un pédant, un érudit, mais un dilettante. Il doit pratiquer avec bonheur la conversation, s'efforcer d'offrir un visage détendu et souriant.

La continuation des courants antérieurs

Les courants qui étaient apparus durant la période précédente se poursuivent. La pensée libertine persiste, illustrée notamment par Saint-Évremond (1613?-1703) qui, dans la *Conversation du Maréchal d'Hocquincourt avec le P. Canaye* (1654), s'en prend violemment à la pensée jésuite et, plus généralement, à la religion.

Nicolas de Malebranche (1638-1715) apparaît comme le continuateur du cartésianisme. Dans *La Recherche de la vérité* (1674-1675) ou dans le *Traité de l'amour de Dieu* (1697), il affirme sa volonté d'unir raison et mysticisme : tout vient de Dieu qui a créé le monde en appliquant des principes d'ordre.

Pierre Nicole (1625-1695) prolonge la pensée jansé-niste. Dans les *Essais de morale et instructions théologiques* (1671), il montre notamment l'importance de l'incons-cient et de l'amour-propre dans le comportement humain. Dans les *Imaginaires* et les *Visionnaires* (1664-1667), un peu comme Pascal, il manie l'arme de l'ironie pour dynamiter les arguments de ses adversaires.

Jacques-Bénigne Bossuet

1627-1704

le maître de l'éloquence religieuse

L'importance de la vie mondaine explique l'essor de l'éloquence religieuse. Les prédicateurs s'efforcent d'utiliser cette arme efficace que constitue l'art oratoire pour enraciner la foi dans le cœur des courtisans et des habitués des salons. Louis Bourdaloue (1632-1704), Valentin-Esprit Fléchier (1632-1710) et bien d'autres s'y essaient. Mais parmi eux se distingue Jacques-Bénigne Bossuet qui a porté ce genre littéraire à son point de perfection.

Un homme d'Église actif et influent

Jacques-Bénigne Bossuet a joué un rôle important dans l'histoire de l'Église. Auteur de nombreux ouvrages théologiques, il a mené une carrière ecclésiastique qui le conduit, en 1681, à l'évêché de Meaux. Influent à la Cour, il est choisi par le roi comme précepteur du dauphin, et exerce cette fonction de 1670 à 1681.

Il est au centre des querelles religieuses et philosophiques : adversaire des Jansénistes, il s'oppose également au Quiétisme, nouvelle doctrine qui considère que la perfection chrétienne dépend de la tranquillité de l'âme ; il combat le cartésianisme en dénonçant son continuateur, le philosophe français Malebranche ; il entame des négociations avec le philosophe allemand Leibniz, pour essayer de réconcilier le catholicisme et le protestantisme.

Défenseur zélé de l'Église de France, il se fait le champion d'une position gallicane, en tentant de la soustraire au pouvoir de la Papauté et contribue à étendre son influence : il s'oppose avec énergie aux idées non conformistes et condamne le théâtre, en particulier la comédie de Molière, comme l'école de tous les vices.

Le thème essentiel de la mort

Bossuet a prononcé de nombreux sermons, souvent devant le roi, parmi lesquels *Pour le samedi saint* (1652), *Sur l'éminente dignité des pauvres* (1659), *Sur la mort* (1662). Il a également été chargé d'un grand nombre d'oraisons funèbres à l'occasion de la mort de personnages célèbres : Anne d'Autriche, mère de Louis XIV (1667), Henriette de France, fille de Henri IV (1669) ou Condé, l'un des grands chefs de guerre de l'époque (1687).

Le grand thème de ces discours est le thème de la mort. La mort vient tout détruire, tout enlever : « Qu'est-ce que cent ans ? Qu'est-ce que mille ans, puisqu'un seul moment les efface ? » *(Sermon sur la mort)*. Dès lors, est démontrée la vanité de l'homme, des grandeurs matérielles, des valeurs terrestres. C'est donc l'âme éternelle qu'il convient de privilégier, au détriment du corps périssable, en menant une vie austère consacrée à la vertu, en se laissant captiver par Dieu pour rejoindre la cohorte bienheureuse des élus.

Le poids du réel et le choc du lyrisme

Le style de Bossuet est marqué par la passion. Il mêle intimement la description du réel et l'exaltation lyrique. Les références à la vie quotidienne sont nombreuses. Les allusions à la dure réalité de la nature humaine ne manquent pas, comme dans l'évocation du corps humain qui, après la mort, « deviendra, dit Tertullien, un je ne sais quoi qui n'a plus de nom dans aucune langue » *(Sermon sur la mort)*.

Les images fleurissent, les comparaisons poétiques se multiplient, les thèmes lyriques de la mort, de la fuite du temps, de la vulnérabilité humaine prolifèrent, rendant l'expression de Bossuet émouvante, sensible, prenante.

3. Poésie :
lyrisme et didactisme

La principale vocation de la poésie réside traditionnellement dans le lyrisme. Son but essentiel est d'exprimer les sentiments, les états d'âme. C'est avant tout un cri du cœur, une manifestation de la sensibilité profonde de l'individu. C'est le genre qui, par excellence, permet à l'auteur, au poète, de parler à la première personne. C'est la forme privilégiée pour développer les thèmes de la nature, de la fuite du temps, de la nostalgie au regard de la jeunesse perdue, de la mélancolie au constat d'un amour impossible, de la douleur face à un sentiment non partagé. Une telle inspiration se maintient dans la poésie française de cette période classique. Jean de La Fontaine (1621-1695) sait heureusement la sauvegarder.

Mais, sous l'empire d'une raison de plus en plus dominatrice, une autre orientation tend à s'imposer à la poésie. Le didactisme, la volonté de véhiculer des connaissances ou une philosophie, l'emporte bientôt. Déjà visible chez La Fontaine, cette démarche va progressivement dénaturer la poésie qui devient ainsi un véhicule d'idées, qui se transforme en prose rimée. C'est de cette évolution fâcheuse dont témoigne Nicolas Boileau (1636-1711). En cultivant le genre de la satire ou le genre de l'épître, en se posant, dans ses vers, comme un des législateurs du classicisme, il tourne résolument le dos au lyrisme et s'engage sur la voie antipoétique du didactisme.

Jean de La Fontaine

1621-1695

le maître de la fable

Une œuvre diverse

Les *Fables* ne sont pas l'unique œuvre de La Fontaine. Il a écrit des *Contes* (1665 ; 1666 ; 1671 ; 1674) d'inspiration souvent licencieuse. Il a pratiqué la poésie didactique, avec le curieux *Poème du Quinquina* (1682), description des propriétés de la plante réputée pour calmer les fièvres. Il s'est essayé à la poésie satirique, avec *Le Florentin* (1686) et à la poésie de cour, avec *Le Songe de Vaux,* poème inachevé qu'il entreprend en 1660 à la demande de Fouquet. Il a également composé pour le théâtre et collaboré à des spectacles de cour.

L'expérience d'une vie

Les *Fables* n'en doivent pas, pour autant, être noyées dans l'ensemble de la production. Elles apparaissent comme l'œuvre de toute une vie : elles sont progressivement élaborées et publiées en des éditions successives, en 1668, 1671, 1679, 1685, 1693 et 1696.

Elles sont comme la projection de l'expérience multiple de La Fontaine. Elles reproduisent l'évolution idéologique de l'auteur, d'abord influencé par le Jansénisme durant son enfance, gagné ensuite aux idées libertines, pour être enfin pénétré par le mysticisme à partir de 1692.

Le goût de la nature qu'elles véhiculent s'explique, en partie, par la charge de maître des eaux et forêts que remplit La Fontaine. La mélancolie, le désabusement viennent des aléas de son existence : protégé de Fouquet, il connut, après sa chute, la disgrâce et dut partir pour le Limousin ; en butte aux difficultés financières, il fut contraint de trouver des protecteurs, Fouquet (1658), la duchesse d'Orléans (1664), Madame de La Sablière (1672), Hervart, conseiller au Parlement de Paris (1693) ; il fut accablé par la maladie à partir de 1692.

Le bonheur d'écrire

Ce qui frappe dans les *Fables,* c'est le bonheur évident qu'éprouve La Fontaine à écrire. Il communique largement cette alacrité au lecteur séduit par la variété de l'expression. La versification n'est pas figée. Le vers libre triomphe, mariant les mètres et les rythmes.

Le récit enlevé se développe : dans *La Laitière et le pot au lait,* on assiste à l'éclosion, puis à la ruine des rêves de la jeune paysanne qui, après avoir cassé son pot, ne pourra plus faire fructifier l'argent tiré de la vente de son lait :

« Le lait tombe ; adieu veau, vache, cochon, couvée. »

Les portraits incisifs abondent qui, en quelques mots, campent les personnages :

« Un pauvre bûcheron, tout couvert de ramée,
Sous le faix du fagot aussi bien que des ans
Gémissant et courbé, marchait à pas pesants,
Et tâchait de gagner sa chaumine enfumée »
(La Mort et le bûcheron).

L'évocation de la nature, de ses charmes, de ses attraits, introduit le lyrisme :

« Solitude, où je trouve une douceur secrète,
Lieux que j'aimai toujours, ne pourrai-je jamais,
Loin du monde et du bruit, goûter l'ombre et le frais ? »
(Le Songe d'un habitant du Mogol).

La morale finale obligée est porteuse de didactisme, mais d'un didactisme souvent atténué par l'humour, condensé en un bref précepte, ce qui évite ainsi la lourdeur de la démonstration :

« Rien n'est si dangereux qu'un ignorant ami ;
Mieux vaudrait un sage ennemi »
(L'Ours et l'amateur des jardins) ;

« Plutôt souffrir que mourir,
C'est la devise des hommes »
(La Mort et le bûcheron).

Une prise de parti politique

Les *Fables* de La Fontaine apparaissent comme une œuvre politique, dans ce sens qu'elles portent jugement sur les rapports de pouvoir et sur l'organisation sociale. L'auteur peut énoncer ses critiques et proposer ses solutions sans crainte de la censure, en mettant en scène des animaux qui se révèlent en fait comme des décalques fidèles des hommes.

Il dénonce ainsi les injustices et les abus qui pervertissent la société de son temps. Il souligne les ridicules dans les comportements. Mais surtout il montre la perversion qui marque tout pouvoir. En une analyse moderne, il dévoile comment les puissants exercent leur autorité pour défendre des intérêts individuels au lieu d'assurer le salut collectif. Bien plus, il constate la perverse connivence des opprimés qui acceptent les exactions des oppresseurs : dans *Le Loup et l'agneau,* l'agneau essaie non seulement de se justifier des fausses accusations portées par le loup, mais encore attend la mort avec résignation, comme si elle allait de soi, comme si son destin était de devenir la proie du carnassier. Oui, dans ce monde, comme le prévient La Fontaine, « La raison du plus fort est toujours la meilleure ».

La philosophie des *Fables*

Malgré ce constat amer, La Fontaine s'efforce, dans ses *Fables,* de proposer un art de vivre. Sa philosophie est faite d'un mélange subtil d'épicurisme et de stoïcisme, de désir de profiter de la vie et de volonté d'être maître de son destin : il convient de jouir de l'existence, tout en évitant les excès, de tenir compte des autres en refusant l'aliénation de l'engagement, de dominer tout ce qui perturbe l'homme, comme la douleur et la mort.

Ainsi se déroulera une vie calme et paisible, au crépuscule de laquelle celui qui l'a vécue pourra dire :
« Quand le moment viendra d'aller trouver les morts,
J'aurai vécu sans soin, et mourrai sans remords »
(Le Songe d'un habitant du Mogol).

Nicolas Boileau

1636-1711

le triomphe de la raison

Un écrivain « officiel »

La carrière littéraire de Nicolas Boileau, d'abord avocat, a été favorisée par la consécration du pouvoir royal.

En 1669, le roi lui attribue une pension de deux mille livres ; en 1677, il le nomme historiographe, chargé de rédiger l'histoire officielle de la France ; en 1684, il appuie sa candidature à l'Académie française.

La fin de sa vie sera marquée par sa prise de parti pour la tradition des Anciens contre les tentatives de renouvellement de la littérature menées par les Modernes et par son engagement aux côtés des Jansénistes contre les Jésuites.

De la prose rimée

Son œuvre poétique, qu'elle soit satirique (*Satires,* 1666, 1668, 1705 ; *Le Lutrin,* 1674, 1683 ; *Épîtres,* 1674, 1683, 1698), didactique (*Art poétique,* 1674) ou épique (*Ode sur la prise de Namur,* 1693), est frappée du sceau de la raison. Il évite de tomber dans ce qu'il considère comme les excès de l'imagination et privilégie la technique au détriment de l'inspiration.

Sa poésie, dans ces conditions, apparaît souvent marquée par la sécheresse. Il s'agit en fait plutôt de prose rimée. Il sait néanmoins parfois faire preuve d'humour, en pratiquant le registre héroïco-comique qui consiste à traiter un sujet réputé bas avec un style élevé proche du style épique : ainsi dans *Les Embarras de Paris* (1666), les embouteillages de la ville prennent des dimensions de cataclysme, tandis que, dans *Le Repas ridicule* (1666), l'affrontement entre les poètes à coups d'assiettes et d'aliments relève plaisamment de l'épopée.

Le théoricien classique

Boileau apparaît surtout comme celui qui a exposé les règles classiques. Il reste fidèle à l'imitation des auteurs de l'Antiquité et repousse les innovations des Modernes. S'il considère que l'inspiration est nécessaire, il pense qu'elle doit être soigneusement maîtrisée par le travail, laborieusement mise en forme par la technique :

« Hâtez-vous lentement, et, sans perdre courage,
Vingt fois sur le métier remettez votre ouvrage :
Polissez-le sans cesse et le repolissez ;
Ajoutez quelquefois, et souvent effacez »
(*Art poétique,* chant I).

Dans ces conditions, la rédaction réclame deux qualités primordiales : la raison et l'ordre qui imposent les impératifs de naturel, de clarté, de propriété des termes et de pureté de langue. Mais il faut cependant essayer de tempérer cette austérité en introduisant des qualités plus aimables, comme la passion dans l'expression, la variété du style, l'harmonie des vers. Ainsi sera trouvé un heureux équilibre entre la recherche du didactisme et les exigences du plaisir.

La philosophie de Boileau

Véhicule de la théorie littéraire, l'œuvre de Boileau est aussi porteuse d'une vision du monde. Il y apparaît d'abord une dimension satirique : dans les *Satires* ou dans les *Épîtres,* il s'attaque aux vices et aux ridicules de son temps. Ses portraits sont souvent au vitriol ; dans *Le Repas ridicule,* il stigmatise les poètes vaniteux et sans talent, tandis que, dans la *Satire X,* il ridiculise les précieuses, esclaves des modes.

Il tire de ces constats une conception pessimiste de l'existence qui évolue vers la fin de sa vie, avec son engagement religieux. Il adhère alors à une vision fondée sur le mysticisme, toute tournée vers une communion totale avec Dieu.

4. L'essor du roman historique

Cette période classique, marquée par une grande diversité romanesque, voit surtout le triomphe du roman historique dans lequel excelle Madame de Lafayette (1634-1693).

Le Roman bourgeois (1666) d'Antoine Furetière (1619-1688)

Avec *Le Roman bourgeois*, Furetière continue la tradition du roman comique et réaliste. Se présentant comme une succession de récits, cette œuvre se déroule dans les milieux bourgeois de la place Maubert à Paris. En refusant les prestiges du romanesque et du héros pour décrire la vie de tous les jours, l'auteur conçoit en fait un anti-roman.

Les Lettres portugaises (1669) de Guilleragues (1628-1685)

Les cinq *Lettres portugaises* furent publiées comme de véritables lettres écrites par une religieuse portugaise à un officier français qui l'avait aimée puis abandonnée. Elles constituent comme l'itinéraire du désespoir. La simplicité, gage d'authenticité, y crée une forte impression de vérité.

Cette œuvre représente incontestablement un événement littéraire de première grandeur et annonce le roman par lettres qui connaîtra un si grand développement au cours du XVIIIᵉ siècle.

Madame de Lafayette   1634-1693

et le roman historique

Littérature et mondanités

Marie-Madeleine Pioche de La Vergne, après avoir eu le privilège, relativement rare pour les jeunes filles, de recevoir une solide éducation, épouse, en 1655, le comte de Lafayette. Elle mène une vie mondaine et ouvre un salon qui devient un centre de la vie culturelle. Mais la mort, en 1680, de La Rochefoucauld auquel elle était très attachée, puis celle de son mari, en 1683, la conduisent à se réfugier dans la solitude. Son œuvre comporte deux grandes catégories d'ouvrages : des ouvrages historiques et surtout des romans.

Des romans historiques

Les romans de Madame de Lafayette illustrent la pratique du roman historique. L'action romanesque se déroule à une époque généralement récente par rapport à la date de rédaction : *La Princesse de Montpensier* (1662) se situe sous le règne de Charles IX, *Zayde* (1669-1671) dans l'Espagne médiévale, *La Princesse de Clèves* (1678) sous Henri II, *La Comtesse de Tende* (1724) sous la régence de Catherine de Médicis.

Mais, en fait, les personnages recouvrent souvent des contemporains bien réels de Louis XIV et font de ces œuvres ce qu'on appelle des romans à clefs. Un troisième niveau temporel apparaît enfin dans la volonté de l'auteur de décrire une réalité humaine valable à toutes les époques.

La structure de *La Princesse de Clèves*

Dans cet ensemble romanesque se distingue plus particulièrement *La Princesse de Clèves*. Tout à fait dans l'optique classique et contrairement aux romans-fleuves de la période précédente, il s'agit d'une œuvre brève, d'une composition relativement simple.

L'action principale implique trois personnages. Mademoiselle de Chartres, après avoir épousé le prince de Clèves, tombe éperdument amoureuse du duc de Nemours, type même du séducteur. Elle sait résister à sa passion, mais est indirectement responsable de la mort de son mari qui périt de langueur, ravagé par la jalousie. Marquée par cet épisode douloureux, la jeune femme se retirera dans un couvent, où elle mourra.

A cette intrigue centrale s'ajoutent une série d'intrigues secondaires. De caractère à la fois sentimental et politique, elles constituent des illustrations complémentaires de la difficulté de choisir entre le désir et la raison.

Le mal de vivre

En se livrant à une peinture de la vie de cour marquée par le mensonge et la dissimulation, Madame de Lafayette souligne la difficulté d'être, le mal de vivre. Elle montre comment s'opposent des valeurs d'ordre cautionnées par la société et des valeurs de désordre qui se manifestent dans les impulsions individuelles anarchiques. Chacune de ces deux optiques a ses inconvénients et ses avantages. Faire triompher la raison, c'est créer un équilibre intérieur, mais c'est également construire une vie sans imprévu, marquée par la monotonie. Privilégier le désir, c'est avoir une existence passionnée, mais c'est aussi susciter douleur et aliénation. Ainsi s'affirme un pessimisme, conséquence du constat de l'opposition entre volonté et fatalité, individu et société.

Dans ces conditions, l'être humain est voué au désespoir : la princesse de Clèves ne peut que s'y livrer, lors de la disparition de son mari, quand « elle considéra qu'elle était la cause de sa mort, et que c'était par la passion qu'elle avait eue pour un autre qu'elle en était cause ».

5. La confirmation du théâtre régulier

Ces années 1661-1680 constituent incontestablement un âge d'or pour la scène française : le nombre de pièces écrites ne cesse alors d'augmenter, tandis que s'ouvrent à Paris de nouvelles salles permanentes. C'est le théâtre régulier qui s'affirme désormais.

La tragi-comédie disparaît en tant que telle et laisse libre champ à la comédie et à la tragédie. Mais le romanesque tragi-comique ne s'estompe pas totalement. De nombreux auteurs continuent à le cultiver, comme Thomas Corneille (1625-1709) et Philippe Quinault (1635-1688). Par ailleurs, le baroque persiste dans les somptueux spectacles de cour.

La progression de la comédie se poursuit. Genre dominant, plus particulièrement illustré par Molière (1622-1673), elle devance largement la tragédie où se distingue Jean Racine (1639-1699).

Molière

la maîtrise théâtrale

Un homme de théâtre

De son vrai nom Jean-Baptiste Poquelin, Molière est l'homme de théâtre par excellence, à la fois auteur, comédien et directeur de troupe. Raconter sa vie, c'est raconter une existence toute tournée vers les activités de la scène.

Après avoir envisagé une carrière d'avocat, il rompt avec son milieu bourgeois et, dès 1643, participe avec les Béjart, une famille de comédiens, à la constitution de l'Illustre Théâtre qui s'installe à Paris. Cette première tentative s'achève sur une faillite retentissante en 1645. Il n'abandonne pas pour autant, mais part alors avec une troupe ambulante jouer en province. Cette vie itinérante, source d'expériences, durera jusqu'en 1658. S'il commence à écrire, ce n'est qu'accessoirement. Et ce sont des pièces proches de la farce, comme *La Jalousie du Barbouillé* et *Le Médecin volant,* ou des œuvres directement inspirées d'auteurs italiens, comme *L'Étourdi* ou *Le Dépit amoureux.*

En 1658, il retourne à Paris et sa troupe, installée au Théâtre du Petit-Bourbon, puis au Théâtre du Palais-Royal, devient une troupe permanente. En 1659, avec *Les Précieuses ridicules* qui se moquent des excès de la préciosité, il aborde une manière plus sérieuse, un type de comédie de mœurs qui vise à dénoncer les vices et les manies de ses contemporains. Il confirme cette orientation, en 1662, avec *L'École des femmes,* où il se prononce pour la libre détermination des jeunes filles, contre les mariages imposés.

Sa carrière suit alors trois directions. D'une part, il n'abandonne pas la farce et utilise volontiers le gros comique, dans *Le Mariage forcé* (1664) ou dans *L'Amour médecin* (1665), par exemple. D'autre part, il pratique les œuvres de divertissement, élaborant volontiers, comme dans *La Princesse d'Élide* (1664), des comédies-ballets, dans la tradition des spectacles de cour. Il s'engage enfin dans ce qu'on peut appeler la comédie politique, en posant les grands problèmes de société, en se penchant sur les rapports de pouvoir : et ce seront ses trois œuvres majeures, *Tartuffe* (1664), *Dom Juan* (1665), *Le Misanthrope* (1666). Mais il est attaqué par les hypocrites qui prennent comme prétexte la défense de la religion et des bonnes mœurs pour faire interdire *Tartuffe* et *Dom Juan*.

Démoralisé par ces attaques, malade, malheureux dans ses relations conjugales avec Armande Béjart, sa femme de vingt ans plus jeune que lui qu'il a épousée en 1662, Molière renoncera à cette inspiration dangereuse, malgré le soutien du roi. Désormais, jusqu'à sa mort, il va traiter des sujets plus anodins. Il continuera la tradition de la farce, avec notamment *Les Fourberies de Scapin* (1671). Il écrira des comédies-ballets, comme *Le Sicilien ou l'amour peintre* (1667). Il donnera, au mieux, dans la peinture acérée des caractères, avec *L'Avare* (1668), *Les Femmes savantes* (1672), ou *Le Malade imaginaire* (1673) : et c'est au cours de la quatrième représentation de cette dernière pièce qu'il mourra, en plein exercice de sa profession.

Le comique de Molière

La panoplie des effets comiques est d'une grande étendue.

Molière a été attiré par la farce. Il utilise volontiers ce que l'on appelle le comique de gestes fait de poursuites, de chutes et de coups : à la scène 1 de l'acte III de *Dom Juan,* par exemple, Sganarelle « se laisse tomber en tournant » au milieu d'un raisonnement complexe qui tend à démontrer la perfection de la création ; à la scène 2 de l'acte III des *Fourberies de Scapin,* Scapin rosse copieusement Géronte enfermé dans un sac.

L'œuvre de Molière exploite aussi le comique de mots, en introduisant un langage volontairement déformé : c'est le jargon turc du *Bourgeois gentilhomme* ou le latin de cuisine du *Malade imaginaire*.

Le comique de répétition est sollicité. La reprise d'un mot ou d'une expression accentue alors les effets : à la scène 4 de l'acte I de *Tartuffe*, « Le pauvre homme », qui revient comme un leitmotiv dans la bouche d'Orgon, renforce le comique de la situation ; l'exclamation apitoyée du bourgeois à propos de l'hypocrite, alors que Dorine lui fait part d'une indisposition de sa femme, souligne la véritable intoxication d'Orgon totalement subjugué par Tartuffe.

Le comique de situation, qui, le plus souvent, s'appuie sur les contradictions, est également fréquent : ainsi, dans *L'Avare,* Harpagon apparaît constamment divisé entre son avarice et son amour qui l'incite, non sans souffrance, à faire des cadeaux à celle qu'il aime.

L'analyse des caractères et des mœurs

Cet ensemble comique est très souvent mis par Molière au service de l'analyse des caractères et des mœurs. Il s'appuie, pour ce faire, sur le schéma de la comédie d'intrigue à l'italienne : la jeune première et le jeune premier s'aiment, mais les parents — la plupart du temps le père — s'opposent à leur mariage, parce qu'ils souhaitent un autre gendre ou une autre belle-fille. Aidés par des serviteurs rusés et par des servantes pleines de ressources, les enfants finiront par triompher et par trouver le bonheur.

Ce schéma donne l'occasion à Molière de peindre des personnages pittoresques enfermés dans leurs manies. C'est en effet poussés par leurs obsessions que les pères essaient d'imposer à leurs enfants des maris ou des épouses : c'est pour ne pas avoir à verser de dot qu'Harpagon de *L'Avare* veut contraindre sa fille à épouser le vieil Anselme. Ce sont les prétentions nobiliaires de Monsieur Jourdain du *Bourgeois gentilhomme* qui l'amènent à refuser Cléonte à sa fille. C'est son engouement pour la médecine qui conduit Argan du *Malade imaginaire* à donner la main de sa fille au médecin Thomas Diafoirus. Molière ne dénonce pas en fait l'autorité parentale en elle-même, mais son application pervertie qui combat le libre exercice de la nature.

A cette satire s'ajoute une étude des mœurs présente dans l'évocation des activités professionnelles. D'autres types pittoresques se construisent qui ont pour objet de souligner la manifestation d'une fausse science, d'une science d'apparence qui fait illusion grâce à un langage technique ou à un habillement particulier : Oronte du *Misanthrope* est ridicule, parce qu'il exploite toute une convention poétique, parce qu'il s'enferme dans les impératifs de la préciosité. Les médecins du *Malade imaginaire* sont comiques, parce qu'ils utilisent les faux-semblants d'un langage technique à base de latin et de termes scientifiques, parce qu'ils cherchent à tirer profit du prestige de leur robe. Le maître de philosophie du *Bourgeois gentilhomme* prête à rire, parce qu'il s'efforce constamment de tout compliquer, parce qu'il a le génie de dégager des évidences, constatant, par exemple, à la scène 4 de l'acte II : « Tout ce qui n'est point prose est vers ; et tout ce qui n'est point vers est prose. »

La comédie politique

Dans ses comédies, Molière va parfois encore plus loin. Il pose les rapports de pouvoir qui marquent l'organisation sociale de son époque. Il ne se contente pas de montrer comment l'autorité paternelle peut être abusive ou même dévoyée. Il campe des personnages qui apparaissent comme refusant l'ordre établi. Dans *Tartuffe,* il dessine la figure centrale de l'hypocrite qui, en pratiquant une fausse foi, perturbe le pouvoir religieux, et, de cette manière, s'empare de l'esprit d'Orgon, avant de tenter de lui ravir sa femme, sa fille et ses biens. Dans *Dom Juan,* il présente un être influencé par la philosophie libertine qui conteste l'ensemble de la société. Dans *Le Misanthrope,* il montre en Alceste celui qui, par excès de sincérité, risque de dérégler les délicats rouages sociaux.

Ces trois personnages connaissent finalement l'échec, parce que, sous Louis XIV, il n'est pas possible de s'inscrire en marge de l'idéologie dominante : Tartuffe sera emprisonné, Dom Juan trouvera la mort, Alceste sera contraint à l'exil, à l'issue d'un combat sans espoir. Dans ces conditions, le refus de l'excès, la recherche du juste milieu qui marquent le théâtre de Molière apparaissent comme les conditions indispensables à la survie sociale.

Molière et les règles classiques
Homme de théâtre, Molière a interprété les règles classiques dans une perspective pratique. Confronté à la rentabilité commerciale, il considère que le premier but est de plaire au public. La volonté de moraliser ne vient qu'ensuite.

Pour détourner le spectateur des vices, il suffit de les rendre ridicules : « C'est une grande atteinte aux vices que de les exposer à la risée de tout le monde. On souffre aisément des répréhensions ; mais on ne souffre point la raillerie. On veut bien être méchant, mais on ne veut point être ridicule » (Préface de *Tartuffe*). Afin d'atteindre ce but, il faut que les personnages soient naturels, vrais et suffisamment généraux pour que les attaques personnelles soient évitées.

Pragmatique, Molière n'a pas, par ailleurs, le fétichisme des règles. Elles doivent être inspirées par le bon sens. Aussi ne les a-t-il pas toujours respectées, estimant que le public, plutôt que les théoriciens, est le juge compétent de la valeur d'une pièce et d'un spectacle.

La vie théâtrale au temps de Molière

A l'époque de Molière, Paris compte trois théâtres permanents : le Théâtre de l'Hôtel de Bourgogne, le Théâtre du Marais et le Théâtre du Palais-Royal où joue le grand comédien. A sa mort, en 1673, sa troupe s'installe dans une salle de la rue Guénégaud, et Lulli obtient pour son Académie de musique, c'est-à-dire l'Opéra, la salle du Palais-Royal. En 1673, la troupe du Théâtre du Marais, puis en 1680, la troupe de l'Hôtel de Bourgogne rejoignent la troupe de Molière pour constituer la Comédie-Française, tandis qu'une troupe italienne prend possession de l'Hôtel de Bourgogne qu'elle quittera en 1697.

Les représentations données dans ces théâtres sont copieuses, puisqu'elles offrent généralement une farce, une comédie et une tragédie. L'auditoire est composite : de chaque côté de la scène, des fauteuils sont réservés aux plus privilégiés qui, par leur présence, gênent considérablement le jeu des acteurs. Au même niveau que la scène, le parterre accueille le public populaire debout. Dans les loges, prennent place les spectateurs fortunés, nobles et grands bourgeois. L'assistance est agitée et bruyante.

Le jeu des acteurs est marqué par l'excès, excès farcesque, lorsqu'il s'agit de la comédie, excès dans la grandiloquence, dans le cas de la tragédie. La notion d'emploi est rigoureuse. Chaque comédien est spécialisé dans un type de rôle. Dans sa troupe, Molière se chargeait des personnages bouffons dont il accentuait les aspects farcesques. La Grange jouait spécialisé dans les jeunes premiers sympathiques. Armande Béjart, la jeune femme de Molière, était une coquette, à la scène comme à la ville. Mademoiselle Du Parc incarnait les jeunes premières et Madeleine Béjart les servantes...

Jean Racine

1639-1699

la perfection tragique

L'influence janséniste

Jean Racine a laissé une production théâtrale marquée
par la densité. Il n'a en effet écrit que douze pièces, onze
tragédies : *La Thébaïde* (1664), *Alexandre le Grand*
(1665), *Andromaque* (1667), *Britannicus* (1669), *Bérénice*
(1670), *Bajazet* (1672), *Mithridate* (1673), *Iphigénie*
(1674), *Phèdre* (1677), *Esther* (1689), *Athalie* (1691) et
une comédie : *Les Plaideurs* (1668).

Sa conception du monde est fortement influencée par
les Jansénistes dont il suit l'enseignement à Port-Royal de
1655 à 1658. Il rompt en 1665 à la suite de leurs attaques
contre le théâtre, mais se réconcilie avec eux en 1677 et
abandonne la scène ; il n'y reviendra qu'en 1689 et 1691
avec *Esther* et *Athalie,* mais ces deux pièces pieuses
seront écrites à la demande de Madame de Maintenon
pour les pensionnaires de l'Institution de jeunes filles de
Saint-Cyr qu'elle avait créée. Nommé en 1677 historiographe du roi, avec la charge de rédiger l'histoire officielle
de la France, il consacrera les dernières années de sa vie
à des occupations religieuses et familiales.

Un théâtre de la fatalité

La fatalité est au centre du théâtre de Racine. L'être
humain n'est pas maître de son existence. Comme dans la
conception janséniste, il est déterminé. Contrairement au
héros cornélien, il doit subir le sort qui lui a été assigné de
façon irrémédiable. Phèdre, incapable de résister à sa
passion pour son beau-fils Hippolyte, ne peut que s'écrier
en s'adressant à lui :

« Objet infortuné des vengeances célestes,
Je m'abhorre encor plus que tu ne me détestes.
Les Dieux m'en sont témoins, ces Dieux qui dans mon
flanc
Ont allumé le feu fatal à tout mon sang,

Ces Dieux qui se sont fait une gloire cruelle
De séduire le cœur d'une faible mortelle »
(*Phèdre,* acte II, scène 5).

Cette fatalité entraîne chez l'homme une aliénation insupportable. N'ayant pas de prise sur les événements, les personnages se révèlent incapables d'agir. Bajazet est partagé entre son amour pour Atalide et la nécessité de ménager Roxane qui détient entre ses mains le pouvoir et qui, férocement amoureuse de lui, est maîtresse de sa vie : affronté à ces données, il ne cesse d'hésiter, de tergiverser.

Cette aliénation est d'autant plus grande que les personnages sont profondément divisés, sont le siège de violentes contradictions. Ils sont partagés entre leurs impulsions individuelles qui reposent sur des valeurs de désir et les nécessités sociales qui s'appuient sur les valeurs de la raison : le désir pousse Phèdre vers Hippolyte, tandis que sa raison l'incite à renoncer à sa passion. Mais ces deux impulsions contradictoires sont également vitales, si bien qu'abandonner l'une d'elles, c'est se mutiler gravement.

La seule solution, dans ces conditions, est de supprimer le siège et la cause de l'aliénation. C'est ce qu'accomplit Phèdre, en provoquant la mort d'Hippolyte, puis en se suicidant.

Amour et pouvoir

Le jeu des contradictions atteint une dimension particulièrement tragique, lorsqu'il oppose amour et pouvoir. C'est que les personnages de tragédie ont des responsabilités politiques qui interfèrent inévitablement avec leurs relations sentimentales. Dans le théâtre de Corneille, on l'a vu, la passion devait céder au pouvoir. Chez Racine, c'est le pouvoir qui se met au service de la passion.

Le schéma de *Britannicus* est, à cet égard, exemplaire. Agrippine a désigné comme successeur à l'Empire romain son fils Néron, de préférence à Britannicus, l'héritier légitime du trône. Par contre, elle prend le parti de Britannicus dans son amour pour Junie dont Néron est également épris. Néron va utiliser son pouvoir pour venir à bout des résistances ; il enlève Junie, fait empoisonner son rival et arrêter sa mère. Junie privera le tyran de sa victoire en se réfugiant chez des prêtresses, les Vestales.

Dans *Bajazet,* le comportement de Roxane est comparable. Elle est prête à mettre son pouvoir au service de Bajazet, à condition qu'il lui donne son amour :

« Songez-vous que je tiens les portes du Palais,
Que je puis vous l'ouvrir ou fermer pour jamais,
Que j'ai sur votre vie un empire suprême,
Que vous ne respirez qu'autant que je vous aime ? »
(*Bajazet,* acte II, scène 1).

Et c'est ce jeu de l'amour et du pouvoir qui explique l'ambivalence des personnages, tour à tour tendres et cruels, généreux et égoïstes.

Une dramaturgie de la passion et de la rigueur

Le système dramatique de Racine est marqué à la fois du sceau de la passion et de la rigueur. Le choc des sentiments est le moteur de la pièce. Leur confrontation caractérisée par l'excès permet d'introduire une dimension morale en avertissant le spectateur des conséquences négatives de ces impulsions : « Le vice y est peint partout avec des couleurs qui en font connaître et haïr la difformité » (Préface de *Phèdre*).

Une grande rigueur dans la construction qui suit les règles classiques convient à la manifestation de la fatalité. L'unité de ton dégage toute l'essence tragique. L'unité de temps amène la concentration. L'unité d'action souligne que la pièce se déroule durant un moment privilégié de crise. L'unité de lieu signale comment les personnages sont enfermés à la fois dans une cohabitation insupportable avec les autres et dans un repliement aliénant sur eux-mêmes.

Le chant racinien, la musique du vers, la structure implacable de la phrase concourent à allier cette passion et cette rigueur qui sont les deux données essentielles de ce théâtre.

1680-1715 :
le postclassicisme

1. Un renouvellement difficile

Le temps des rigidités

Après la floraison littéraire des années 1661-1680, la période qui va de 1680 à 1715 apparaît plus calme. Après avoir été le moteur du progrès, la source des innovations, le système monarchique élaboré par Louis XIV ne résiste pas à l'épreuve du temps. La monarchie absolue est gagnée par la sclérose, le roi s'enferme progressivement dans la pratique d'une dévotion minutieuse.

La lutte entre les Anciens et les Modernes

Ces rigidités concernent également la littérature. Le classicisme continue à s'imposer, mais souvent c'est sa lettre plutôt que son esprit qui est respecté. C'est alors que s'amplifie la querelle entre les Anciens et les Modernes. Tandis que les premiers, fidèles au classicisme, pensent qu'il faut s'inspirer des auteurs de l'Antiquité, les seconds, tournés vers l'avenir, considèrent qu'il convient d'adapter la littérature à son époque.

Des évolutions lentes

Une telle situation explique à la fois la crise que connaissent certains genres littéraires et la lenteur des évolutions.

La littérature d'idées apparaît contrastée : elle est encore ancrée dans la tradition du xviiᵉ siècle, mais annonce déjà les philosophes du xviiiᵉ siècle.

La poésie, trop « raisonnable », est en pleine décadence et attend un souffle nouveau.

Le genre romanesque est en crise : il a usé jusqu'à la corde les recettes de l'idéalisme et les thèmes historiques.

Quant au théâtre, il reste fortement dépendant de l'inspiration de la période classique.

2. Littérature d'idées : continuation et contestation

Comme durant la période précédente, la littérature d'idées fleurit. Elle est loin d'être monolithique. Tandis que Pierre Bayle (1647-1706) et Fontenelle (1657-1757) constituent comme les traits d'union entre les libertins du XVIIᵉ siècle et les philosophes du XVIIIᵉ siècle, tandis que Jean de La Bruyère (1645-1696) commence à souligner les lézardes qui apparaissent dans le système social, Fénelon (1651-1715) assure la continuation de la pensée religieuse et de l'éloquence sacrée.

Pierre Bayle (1647-1706) et l'esprit de tolérance

Pierre Bayle n'est pas un athée. Mais l'évolution même de sa foi le conduit à exalter la tolérance, à refuser le fanatisme, à se persuader de la relativité des vérités : protestant, il se convertit en effet au catholicisme pour revenir à sa première croyance, ce qui l'oblige à quitter la France en 1670 pour la Hollande.

Toute son œuvre tend à prôner l'exercice de l'esprit critique et à s'élever contre le terrorisme du savoir et des certitudes. Dans les *Pensées diverses sur la comète* (1682), il raille les superstitions et établit une distinction entre morale et foi. Dans son *Dictionnaire historique et critique* (1695-1697), il dresse le panorama des connaissances historiques et philosophiques de son temps. Dans *Réponses aux questions d'un Provincial* (1703 ; 1705-1706), il déplore que le mal soit au centre de la nature humaine.

Fontenelle (1657-1757) et le refus de l'absolu

Neveu de Corneille, mondain, Fontenelle fut, à son époque, au centre de la vie intellectuelle. Sa pensée est proche de celle de Bayle. Comme lui, il rejette résolument le fanatisme et la certitude porteuse d'intolérance. Alliant le sérieux et l'humour, la raison et l'imagination, il a su faire une œuvre de vulgarisation de bon aloi.

Dans les *Nouveaux dialogues des morts* (1683), il stigmatise les préjugés. Dans les *Entretiens sur la pluralité des mondes* (1686), il souligne la relativité des données humaines au regard de l'immensité de l'univers. Dans l'*Histoire des oracles* (1687), il montre l'utilisation perverse que les puissants font des superstitions. Dans la *Digression sur les Anciens et les Modernes* (1688), il prouve sa modération en refusant de donner raison à l'un ou l'autre des camps que divisait alors une vigoureuse querelle littéraire.

Jean de La Bruyère 1645-1696

la contestation sociale

Une satire sociale : *les Caractères* (1688)

Dans son œuvre essentielle, les *Caractères,* qu'il commence à élaborer en 1668, mais qui ne paraîtront qu'en 1688, La Bruyère se livre à une violente satire sociale. Dans une suite de maximes et de portraits plus développés, il montre comment les individus sont enfermés dans des manies qui les aliènent, victimes de la distraction comme Ménalque, de la gourmandise comme Gnathon, de la maladie imaginaire comme Irène. Il y démonte le jeu des apparences et le déchaînement des excès. Il y dénonce l'abus du pouvoir, la puissance de l'argent et, en conséquence, la misère du peuple et les horreurs de la guerre.

Un art d'écrire

Dans les *Caractères* et dans son *Discours de réception à l'Académie française* (1694), La Bruyère dégage une théorie de l'écriture très proche des idéaux classiques. Brièveté, concision, clarté, ce sont les maîtres mots d'un art qui accorde une place essentielle à la technique.

Dans la querelle littéraire qui marque son époque, il prend résolument parti pour l'imitation des Anciens : « Tout est dit, et l'on vient trop tard depuis plus de sept mille ans qu'il y a des hommes, et qui pensent. Sur ce qui concerne les mœurs, le plus beau et le meilleur est enlevé ; l'on ne fait que glaner après les anciens et les habiles d'entre les modernes. »

Fénelon

1651-1715

l'engagement religieux

Un homme de foi

Homme d'Eglise, Fénelon a lutté toute sa vie pour la défense de sa foi. Comme Bossuet, il a pratiqué l'éloquence sacrée. Il a dénoncé la philosophie cartésienne dans la *Réfutation du P. Malebranche* (rédigée vers 1687). Il s'en est pris violemment aux libertins, dans son *Traité de l'existence de Dieu* (rédigé vers 1685). Il s'est consacré à la conversion des protestants,

Il a adhéré enfin à la doctrine quiétiste qui pose la tranquillité de l'âme comme condition de la foi. Cette conviction lui vaut la disgrâce du roi qui lui avait accordé précédemment ses faveurs en le désignant en 1689 comme le précepteur de ses petits-fils, puis en soutenant sa candidature à l'Académie française en 1693 et à l'archevêché de Cambrai en 1695.

Un homme de lettres

Écrivain et pédagogue, Fénelon a écrit pour ses élèves royaux des *Fables* (1690), puis les *Aventures de Télémaque* qui ne paraîtront qu'en 1699. Il y évoque les voyages de Télémaque à la recherche de son père Ulysse parti pour la guerre de Troie. Le jeune homme fait ainsi l'expérience de la vie, ce qui permet à Fénelon d'exposer toute une philosophie et d'exprimer sa conception du pouvoir et de la société : le roi doit être au service du peuple, doit éviter les guerres, faire régner la justice, récompenser le travail.

Fénelon a pris également parti dans la querelle littéraire de son temps. Dans la *Lettre à M. Dacier sur les occupations de l'Académie française* (rédigée en 1714), il privilégie les Anciens dont il loue la simplicité, mais affirme la supériorité du goût sur les règles.

Louis XIV, un roi saisi par la dévotion

Autant, au début de son règne, Louis XIV mène une vie marquée par la dissipation et les plaisirs, autant, à la fin de son existence, il s'adonne à une piété exemplaire. Madame de Maintenon, sa maîtresse qu'il épouse secrètement en 1683, exerce, en ce domaine, une influence déterminante. Elle fait régner à la Cour une atmosphère d'austérité. Elle consacre la plus grande partie de son temps à des œuvres pieuses : c'est elle qui crée notamment, à l'intention des jeunes filles méritantes, cette Institution de Saint-Cyr pour laquelle Racine écrira *Esther* et *Athalie*. Elle joue un rôle important dans la vie religieuse : elle provoque la disgrâce de Fénelon à la suite de sa conversion au Quiétisme, elle n'est pas étrangère à la dramatique révocation de l'Édit de Nantes et encourage les persécutions qui s'ensuivent contre les protestants.

La Cour se met au diapason de cette évolution. Il se constitue autour du duc de Chevreuse un groupe dévot dont Fénelon fait un moment partie. L'Église profite évidemment de cette situation favorable. Elle renforce son autorité sur la société. Tout est passé au crible de la religion. Les arts et la littérature n'échappent pas à cette haute surveillance. En peinture et en sculpture, on proscrit les nudités. Le roman est dénoncé comme incitant aux vices. Le théâtre, et en particulier la comédie, sont présentés comme des activités dangereuses, ennemies des bonnes mœurs. Le temps est loin où le roi et son entourage étaient avides des somptueux divertissements de cour. La diminution des troupes permanentes et surtout le départ en 1697 des comédiens italiens, auxquels on reprochait les spectacles licencieux, sont significatifs de ce nouvel état d'esprit.

3. Poésie :
la décadence

En accordant une place prépondérante à la raison, la période précédente mettait déjà gravement en danger la poésie. La décadence s'accentue. La volonté d'instruire l'emporte sur l'inspiration lyrique ; la véritable poésie cède au prosaïsme.

Le réveil se fera longtemps attendre. Mais déjà se manifeste timidement l'amorce d'un renouveau : dans son *Discours de la poésie* (1709), Houdart de La Motte (1672-1731) émet cette idée alors révolutionnaire selon laquelle l'écriture poétique ne dépend pas seulement de la versification, mais également de l'inspiration et des thèmes développés.

4. Roman :
la remise en cause

Le roman subit, lui aussi, une grave crise d'identité. Le rejet de l'idéalisme, la remise en cause du roman historique débouchent sur une tendance à la parodie des thèmes traditionnels et sur une conception réaliste qu'illustrent Robert Challe (1658-1720), Alain-René Lesage (1668-1747) ou Marivaux (1688-1763), alors à ses débuts, tandis que Charles Perrault (1628-1703) exploite l'imaginaire du conte de fées.

Robert Challe (1658-1720) : une nouvelle formule romanesque

Les Illustres françaises (1713) de Robert Challe constituent un tournant dans l'évolution du roman. L'auteur utilise pourtant une formule déjà longuement éprouvée qui consiste à faire raconter et commenter des récits par les personnages romanesques eux-mêmes. Ainsi se succèdent sept histoires d'amour pleines de péripéties.

L'originalité est ailleurs. Elle réside dans la multiplication des ruptures qui marquent le récit et dans les liens étroits qui s'établissent entre les narrateurs des histoires et les personnages de la narration : de cette manière, le roman apparaît comme un ensemble autonome qui possède ses propres règles, ses propres lois et qui forme donc un monde distinct du monde réel dont il n'est plus le simple reflet fidèle.

Originale aussi apparaît l'acuité d'un réalisme qui, poussant jusqu'au bout la logique du roman comique, démonte les moindres détails de la vie quotidienne et du comportement humain. Dans cette analyse, le rôle du subconscient se révèle essentiel, tandis que conventions sociales et tabous moraux sont allégrement bafoués.

Alain-René Lesage (1668-1747) et la manière picaresque

Alain-René Lesage s'oppose lui aussi à l'idéalisme conventionnel, en reprenant la tradition picaresque espagnole qui repose sur les expériences vécues par un picaro, c'est-à-dire par un personnage en marge de la société.

Dans *Le Diable boiteux* (1704), l'auteur utilise la fiction du démon Asmodée qui dévoile à Cléophas l'intérieur des maisons en en soulevant les toits, pour se livrer à une analyse sans concessions de la société urbaine.

Dans *Gil Blas de Santillane,* vaste roman en douze volumes paru de 1715 à 1735, Lesage évoque toute la vie d'un personnage, de sa jeunesse à sa vieillesse. C'est Gil Blas lui-même qui a la parole, qui raconte sa propre existence. Il se développe un voyage à plusieurs dimensions qui se déroule à la fois dans des lieux géographiques variés, dans des milieux sociaux divers et dans une dimension temporelle qui est celle de toute une vie. Un réalisme original est créé par la multiplication des points de vue. Le narrateur, qui s'exprime à la première personne, ne se contente pas d'exposer sa propre conception des choses, il donne aussi la parole aux autres. Ainsi le romancier apparaît-il comme celui qui est capable d'observer les faits sous tous leurs angles.

Les débuts de Marivaux (1688-1763)

Au début de sa carrière littéraire, Marivaux contribue largement à démystifier l'écriture romanesque, à dévoiler ses ficelles en usant notamment de la parodie.

Dans *Les Effets surprenants de la sympathie* (1712-1713), il reprend les procédés héroïques, pour s'en moquer, pour en montrer les invraisemblances. Dans *Pharsamon ou les folies romanesques* (1713-1714), il met en parallèle la réalité quotidienne prosaïque et l'univers romanesque traditionnel empêtré dans ses artifices. Dans *La Voiture embourbée* (1713-1714), il s'efforce de désacraliser l'activité créatrice du romancier, en soulignant volontairement les conventions et les techniques de l'écriture.

Charles Perrault (1628-1703) et le conte de fées

Charles Perrault s'engage dans une autre voie. Il choisit le chemin de l'imaginaire en se consacrant au conte de fées. Les *Contes de ma mère l'oie* (1697) constituent une œuvre à deux niveaux. En mettant en scène des fées *(Cendrillon)*, des ogres *(Le Petit Poucet)* ou des chats doués de parole *(Le Chat botté)*, ils s'adressent aux enfants dont ils satisfont le goût pour le merveilleux.

Mais ils font intervenir aussi une autre dimension. Les personnages qui y évoluent représentent les grands mythes et les grandes inhibitions de l'être humain, sont une émergence de son subconscient : Cendrillon souligne ainsi les liens qui s'établissent entre rêves et réalité ; le petit Poucet, dans son combat engagé contre l'ogre, montre la nécessité pour l'enfant de lutter contre la domination paternelle ; les victoires du chat botté révèlent les possibilités du triomphe de la ruse populaire sur la violence du pouvoir.

5. Théâtre : la stagnation

Cette période est caractérisée par le maintien de la tradition théâtrale précédemment établie. Les efforts d'innovation ne sont guère importants. Le genre comique accentue encore sa prééminence au détriment de la tragédie qui s'effondre.

La seconde partie du règne de Louis XIV, marquée par l'austérité des mœurs et par les attaques contre les spectacles, n'est pas propice au développement du théâtre qui ne se renouvellera que plus tard, avec Marivaux et Beaumarchais.

Jean-François Regnard (1655-1709) et la comédie d'intrigue

Regnard a pratiqué de nombreux registres comiques. Il écrit d'abord de courtes pièces proches de la farce pour la troupe des comédiens italiens. Il cultive ensuite la comédie de caractères avec *Le Joueur* (1696) qui représente les conséquences néfastes du vice du jeu.

Mais c'est surtout la comédie d'intrigue qui l'attire. Et il compose toute une série de pièces qui reposent essentiellement sur la vivacité et les rebondissements de l'action, comme *Les Folies amoureuses* (1704) ou *Le Légataire universel* (1708).

Alain-René Lesage (1668-1747) et la tradition espagnole

Dans ses comédies comme dans ses romans, Lesage s'inspire de la tradition espagnole. Il y adopte les intrigues romanesques, mais sait les pimenter en se livrant à une peinture sans concessions des mœurs de son époque.

Turcaret (1709) constitue incontestablement son chef-d'œuvre. Dans cette pièce, il a su en effet, avec talent, allier les prestiges de la comédie d'intrigue en ménageant une action à rebondissements et le sérieux de la comédie de mœurs en se livrant à une satire impitoyable des financiers sans scrupules.

Index des thèmes

COLLECTION PROFIL

Imprimé en France, par l'Imprimerie Hérissey, Évreux (Eure)
Dépôt légal : Mai 1985 — Nº d'édition : 4931 — Nº d'impression : 37282